하나님은 인류의 모든 문화를 비롯한 만물을 다시 새롭게 하고 계신다. 안타깝게도 환원주의 복음에 뿌리 내린 성속(聖俗) 이원론 때문에 교회는 이 좋은 소식을 알리는 사명에 힘을 내지 못하고 있다. 긍정적인 사실은, 교회 안에서 점점 더 많은 사람들이, 특히 젊은 세대가 피조 세계 전반에 걸친 하나님의 회복 사역에 눈뜨고 있다는 점이다. 이 책에서 벤저민 퀸과 월터 스트릭랜드는 우리의 깨어 있는 모든 시간이 우리 주 그리스도의 것이라는 근본 사실을 성경의 사례를 통해 명쾌하게 보여 준다. 그어떤 책보다 성경에 깊이 뿌리를 내리고 있다. 일과 소명의 신학을 다루는 탁월한 입문서로서 이 책은 하나님 나라의 백성으로 부르심 받은 성도들을 구비시키기 위해 다양한 현장에서 활용될 수 있다.

마이클 W. 고힌 | 커버넌트 신학교 선교신학 교수, 『성경은 드라마다』 공저자

이 책은 우리의 일, 소명, 섬김, 쉼, 여가 등이 그리스도의 나라를 드러내는 필수 요소임을 깨닫게 해 준다. 이 책은 성(聖)과 속(俗)을 나누는 그릇된 이분법 신앙을 없애고, 각 신자의 일상 속 모든 활동이 열방을 향한 그리스도의 사명 안에 속했다는 구속사적 메시지를 제공한다. 퀸과 스트릭랜드는 에베소서 4:12에 생명을 불어넣었다!

에릭 C. 레드몬드 | 시카고 무디성경학교 성경학 조교수, 〈ESV성경공부시리즈〉 공저자

성경은 그리스도의 제자라면 누구에게나 섬김의 일을 감당해야 할 책임이 있음을 분명히 한다. 그렇기에 나는 성도 중 특정 일부만을 지목해 '사역자'라고 부르는 건 위험하다고 생각한다. 스트릭랜드와 퀸은 궁극적인 우리의 직무는 명함이나 명찰에 기록될 수 없음을 일깨워 준다. 우리의 직무는 세상의 유익과 하나님의 영광을 위해 하나님께로부터 주어진다. 이러한 소명에 대한 비전을 설득력 있게 제시하는 이 책은 우리 모두에게 수십 번 선물이 되고도 남을 책이다. 이 땅을 살아가는 모든 신자가 한시라도 속히 이 비전을 공유하길 소망한다.

조너선 메리트 | Jesus Is Better Than You Imagined 저자, 〈애틀랜틱〉 칼럼니스트

하나님에게서 부여받은 우리의 소명과 능력이 교회뿐만 아니라 우리 삶 모든 영역에 미쳐야 한다는 진리는 성경 첫 장부터 끝까지 관통하는 주제다. 이것은 복음에도 빠질 수 없는 요소이며, 모든 그리스도인은 그 진가를 깨달아야 한다. 이 주제를 다룬 참으로 탁월한 책이다!

그렉 포스터 | 트리니티대학교 오이코노미아 네트워크 디렉터, 『칼빈주의 기쁨』 저자

인간은 일을 위해 창조되었다. 우리 믿음의 핵심 요소인 일과 소명에 대해 어떻게 접근해야 할지 모르는 그리스도인이 많다는 것은 민망한 일이다. 벤저민 퀸과 월터 스트릭랜드가 시기적절하게 이런 책을 써 주어 고맙다. 그리스도인이 일과 소명을 어떻게 이해해야 하는지 알려 주는 탁월한 입문서로 이 책을 추천한다. 주님께서 이 책을 사용하셔서서 독자들이 하나님과 하나님의 세상에 대한 바른 관점을 갖게 해 주시길, 그리고 하나님의 이름을 영화롭게 하며 인류의 번영에 기여하는 방식으로 각자의 소명을 추구하게 해 주시기를 기도한다.

네이선 A. 핀 | 유니언 대학교 신학과 선교학부 학장

이 책은 오늘날 교회에 널리 퍼져 있는, '부르심에도 등급이 있다'는 신화를 일소한다. 신학과 실천 사이의 독특한 균형이 두드러지는 이 책은 그리스도인들의 필독서다!

조던 레이너 | 보크레오 사 설립자 겸 CEO

그리스도인의 삶에서 일이 차지하는 합당한 자리를 따뜻하고도 매력적으로 소개하는 책이다. 퀸과 스트릭랜드는 성경이 말하는 일 고유의 가치, 일과 사명의 관계, 그리고 이와 더불어 교회 안에서 일의 신학을 실천하기 위한 현실적 처방을 명쾌히 정리해 준다.

린든 드레이크 | 비즈니스와 신학을 위한 세계 복음주의 연맹

다만 일에서 구하옵소서

Every Waking Hour

by
Benjamin T. Quinn & Walter R. Strickand II

다만 일에서 구하옵소서

벤저민 퀸 &
월터 스트릭랜드
오현미 옮김

좋은씨앗

다만 일에서 구하옵소서

초판 1쇄 인쇄 | 2022년 10월 20일
초판 1쇄 발행 | 2022년 10월 25일

지은이 | 벤저민 퀸 & 월터 스트릭랜드
옮긴이 | 오현미
펴낸이 | 신은철
펴낸곳 | 좋은씨앗
출판등록 제4-385호(1999. 12. 21)
주소 | (06753) 서울시 서초구 바우뫼로 156(양재동, 엠제이빌딩) 402호

페이스북 | www.facebook/goodseedbook
이메일 | good-seed21@daum.net

ISBN 978-89-5874-376-7 03230

목차

감사의 글

이 책의 구상 단계에서부터 신뢰를 보여 준 렉스햄 출판사의 브레넌 엘리스, 그리고 기획안이 구체화되었을 때 줄곧 격려해 준 사우스이스턴 침례신학교의 에이미 윗필드에게 감사드립니다. 컨 패밀리 재단의 그렉 포스터에게도 감사드리며, 목회자들이 믿음과 일과 경제학을 결부시켜 생각할 수 있도록 열정적으로 도운 이코노믹 위즈덤 프로젝트에도 감사드립니다. 원래 신학교 수업 자료였던 책 내용을 좀 더 광범위한 독자들이 쉽게 이해할 수 있도록 다듬는 데 도움을 아끼지 않은 데빈 매덕스에게도 감사드립니다.

이 땅에 주님의 것 아닌 영역이 없다는 사실을 우리 학교 교수진, 직원, 학생들에게 인식시켜 준 데니 애킨과 브

루스 애쉬포드에게 고마움을 전합니다. 사우스이스턴의 다른 가족들도 고맙습니다. 편집자의 시선으로 전체 기획을 빈틈없이 살펴 준 빌리 구디너프, 마찬가지로 도움의 손길을 내밀어 준 캐리 켈리와 저스틴 클락에게 평생을 감사해도 다 갚을 수 없는 빚을 졌습니다. 2014년 가을 학기에 소명 교리 수업을 함께한 학생들의 질문 덕분에 우리가 전개하고자 하는 개념이 더 명쾌해질 수 있었던 것에도 감사드립니다.

마지막으로, 출판 과정 내내 응원과 격려를 아끼지 않았고 마침내 책이 완성될 수 있도록 희생을 감내한 우리 두 사람의 아내들에게도 감사를 전합니다. 애쉴리와 스테파니, 우리가 밤늦도록 불 밝혀 놓고 원고와 씨름하며 책 내용에 관해 숙고할 수 있게 허락해 줘서, 그리고 우리가 다룰 여러 개념의 실험 대상이 되어 줘서 고마워요.

이 작은 책을 세상에 내놓기 위한 그간의 수고가 하나님의 백성에게 영향을 미쳐, 자신의 일을 지겨운 노역이 아니라 하나님 나라를 위한 생동감 넘치는 소명으로 대하게 될 수 있기를 기도합니다.

들어가는 글

신약성경이 섬김(사역)을 성직자의 전유물이 아니라
하나님 백성 모두에게 허락된 특권적 부르심으로 본다는 점은
의심의 여지 없는 사실이다. 우리 세대에서
"모두가 사역자"라는 성경의 시각이
교회 안에 굳건히 터를 잡고 있음에 하나님께 감사드린다.[1]
존 R. W. 스토트, 『에베소서 강해』

설교단과 회중석의 분리

나(벤저민)의 형 브랜든은 우리 두 형제의 모교인 공립 고
등학교의 교장으로 재직 중이다. 얼마 전 형이 자신이 상
담한 학생에 대한 이야기를 들려주었다. 코리라 불리는
그 아이는 종종 약물 소지 문제로 교장실에 불려 다녔다
고 한다. 코리의 상황이 어떤지 자세히 알고자 이런저런
질문을 해본 형은 코리의 문제가 약물에 있지 않음을 깨

달았다. 진짜 문제는 코리의 가정에 있었다.

그동안 코리의 부모는 코리를 시켜 학교 안의 다른 아이들에게 마약을 전달하게 했고, 그러면 그 아이들은 마약을 다시 자기 부모들에게 전달했다는 것이다. 만약 들키더라도 코리는 미성년자라 처벌이 미미할 테니 성인인 자신들이 붙잡혀 교도소에 가는 것보다 나을 거라는 게 부모인 그들의 판단이었다. 다시 말해, 아들 코리를 마약 전달책이자 일종의 방패막으로 삼았던 셈이다.

코리가 자신이 처한 상황에 깊은 좌절감을 느끼고 있음을 알게 된 형이 물었다. "이 상황에서 벗어나고 싶니?" 코리는 눈물을 글썽이며 대답했다. "방법이 있으면 알려주세요! 하지만 여기서 벗어날 순 없을 것 같아요!"

코리에 대한 우울한 이야기를 들려주던 형은 불쑥 신학교 교수라는 내 직업에 관해 물었다. "너는 날마다 어떤 일을 하니?" 나는 여러 주제의 신학 수업도 하고 목회와 선교 사역을 앞둔 학생들을 훈련하기도 한다고 대답했다. 물론 어려움이 있긴 하지만 그 일이 정말 즐겁다고도 했다.

형이 심각한 표정으로 말했다. "나는 내 일이 목회자

나 선교사, 신학교 교수들이 하는 일만큼 의미가 있는지 잘 모르겠어." 나는 화들짝 놀랐고, 이어 가슴이 먹먹해 졌다. 나름 사람들에게 인정받는 고등학교 교장인 형이 어떻게 자기 일이 내 일보다 가치 없다고 생각할 수 있단 말인가? 그 질문은 하나의 전환점이 되었다.

바울의 엄중한 선언을 떠올려 보자. 그는 사도, 선지 자, 전도자, 목자, 교사가 세워진 것은 "성도를 온전하게 하여 사역의 일(the work of ministry, 개역개정, "봉사의 일")을 하게 하며 그리스도의 몸을 세우"(엡 4:12)게 하기 위해서 라고 말했다. 이 말씀은 진리다. 하지만 지금 우리의 현실 은 그 진리를 제대로 반영하지 못하고 있다. 설교단과 회 중석 사이엔 지난 수백 년 동안 깊고 넓은 골이 패여 버 렸다. 예배당 안 설교단과 회중석 사이의 물리적 간격은 여러 현실적인 이유 때문에라도 필요한 요소이긴 하다. 그러나 교회 목회자와 평신도 사이에 존재하는 '보이지 않는' 간격은 부적절하며 비성경적이다.

그리스도인이라면 모두가 사역자다

에베소서 4:12은 이 책에 동력을 제공하는 말씀이다. 이 구절에서 바울은 지금 그리스도인 사이에 널리 퍼져 있는 그릇된 생각 하나를 무너뜨린다. 그것은 안수받은 사람들이 사역의 일을 해야 한다는 관념이다. 지역 교회나 기독교 사역 기관에서 사례를 받고 일하는 사람은 분명 사역자다. 그런데 문제는 이들만 사역자라고 생각한다든가 이들의 섬김(사역)이 다른 이들의 섬김보다 중요하다고 생각하는 데 있다.

이 책에서 우리는 그리스도를 따르는 사람이라면 '누구나 사역자'임을 확인하고자 한다. 이는 그가 하나님과 맺은 관계, 그리고 그를 둘러싼 세상과 맺은 관계 때문에 그렇다. 전임 사역을 하지 않는 그리스도인에게 나름 자존감을 높여 주기 위한 위로 차원의 말이 아니다. 말 그대로 모든 그리스도인이 사역자이며, 이는 일터에서 더욱 진리여야 한다. 그에 더해 우리 모두가 각자의 자리에서 감당하는 각양각색의 일이 사역임을 '이해하고' 하나님과 이웃을 사랑하라는 대계명과 연결지어 각자의 일을 '감당하려면' 어떻게 해야 하는지에 대한 성경적, 신학적, 실천적 틀을 마련해 보고자 한다.

1장에서는 일의 신학에 대해 생각해 보고자 한다. 여

기서는 '일'(work)과 '소명'(vocation)을 정의한 뒤, 이 두 가지가 어떻게 연결되는지 생각해 보겠다. 또한 내가 하는 일이 왜 중요한지, 세상에서 내가 하는 일이 어떻게 하나님의 일에 기여하는지 살펴보겠다.

2장과 3장에서는 신구약 성경을 통해 일과 소명에 대해 살펴보겠다. 특히 성경에 등장하는 다양한 일과 직업에도 관심을 두면서 성경 전체에서 일과 소명이 어떻게 이해되었는지 전반적 개념을 잡아 보겠다.

4장에서는 "이 세상에서 지혜롭게 일한다는 것은 무슨 의미인가?"를 질문한다. 이 장에서는 그리스도와 지혜의 관계, (세상의 지혜가 아닌) 세상 속에서의 지혜, 지혜의 길, 일터에서의 지혜를 설명해 보겠다.

5장에서는 하나님 나라, 문화, 사명이라는 핵심 주제를 이 책의 전체 구조 안에 엮어 종합해 보겠다.

6장의 짤막한 결론에 이어 '누구와 함께 일해야 하는지' 생각해 보는 부록을 덧붙였다. 여기서 우리는 다른 교파나 다른 종교에 속한 사람들과 선교적, 도덕적 차원에서 동역하는 것에 대해 고민해 보고자 한다.[2] 또 다른 두 개의 부록에는 일과 소명을 깊이 생각해 보기 위한 일련의 질문과 추천 도서 목록을 담았다.

이 책이 하나님의 백성을 일깨워, 그리스도인이라면 누구나 사역자라는 현실에 눈 뜨게 해주기를 기도한다. 바울은 "누구든지 그리스도 안에 있으면 새로운 피조물"(고후 5:17)이라고 가르쳤다. 하지만 바울이 그 다음 구절에서 한 말을 가벼이 여기지 말자. "모든 것이 하나님께로서 났으며 그가 그리스도로 말미암아 우리를 자기와 화목하게 하시고 또 우리에게 화목하게 하는 '사역'(ministry, 개역개정, "직분")을 주셨으니"(고후 5:18). 이 말씀에 비춰 볼 때, 하나님의 백성이라면 누구나 만물을 새롭게 하시는 하나님의 일과 우리의 일을 의식적으로 '결합'시켜야 한다.

물류회사 페덱스(FedEx)의 로고는 그래픽 디자이너들 사이에서 명성이 자자하다. 이 로고는 수많은 디자인 상을 받았을 뿐만 아니라 〈롤링스톤〉 지 창립 35주년 기념 행사에서 8대 로고 중 하나로 선정되었다.[3] 이 로고를 만든 린든 리더(Lindon Leader)는 자간은 없애고 단순한 글자체를 활용해 두드러지지 않으면서도 잊히지 않는 로고 이미지를 창조해 냈다.

페더럴 익스프레스 사의 새 로고 디자이너로 고용된 리더는 몇 개의 디자인 시안을 만들어 그 글자체를 이리저리 맞춰 보기 시작했고 각각의 시안에서 어수선한 면들을 제거해 보았다. 그러다 회사 이름을 'FedEx'로 줄인 특정 디자인에 시선이 모아졌는데, 이 디자인의 E와 X 사이에서 화살표 형태가 보였기 때문이다. 이 두 글자체를 '결합'해 놓았을 때 화살표는 더 뚜렷해졌고, 그렇게 해서 지금의 로고가 탄생하게 되었다. 새 페덱스 로고 이미지를 몇 번이고 확인한 뒤, 리더는 거기 감춰진 화살표에 대해 어린 딸에게 이야기해 주었다. 딸아이도 결합된 두 글자체 사이에 숨어 있던 화살표에 눈이 번쩍 뜨였고, 그때부터 그 로고는 전혀 다르게 보이기 시작했다.

마찬가지로, 이 책도 그렇게 "아하!" 하는 순간의 촉매제가 되었으면 좋겠다. 우리가 지금 하고 있는 '일'을 두 달 했든 이십 년 했든 관계없이 이전과는 전혀 다른 시각

으로 바라볼 수 있길 바란다.[4] 믿음과 일의 관계를 푸는 데는 박사 학위가 필요하지 않다.

이 책을 다 읽고 나서도, 일터에서(또는 일터 못지않게 많은 시간을 보내는 어디에서든) 유능한 사람으로 변신할 만한 대단한 정보를 얻지는 못할 것이다. 다만, 이전에는 미처 깨닫지 못하고 있었지만 실제론 매우 긴밀하게 이어지는 두 개념의 연결 관계를 이 책을 통해 확인할 수 있기를 바란다. 그리고 그것이 지금까지 해 온, 그리고 앞으로도 평생 해 나갈 우리의 '일'과 관련해 "아하!" 하고 눈이 번쩍 뜨이는 순간이 되기를 소망한다.

1. 일의 신학

우리는 깨어 있는 시간 대부분을 일하는 데 쓰지만, 우리의 업무로 하나님을 영화롭게 한다는 이야기가 교회에서 언급되는 경우는 흔하지 않다. 일터에서 하나님을 높이는 신실한 그리스도인의 모습이라고 하면 보통은 성실하게 근무하기, 주중 성경공부하기, 업무 시작 전에 기도하기, 기회가 있을 때마다 자신의 신앙 나누기 등을 떠올린다. 이런 모습 하나하나가 하나님을 영화롭게 하는 것이기는 하지만, 하나님은 일터에서 행하는 우리의 업무에도 관심을 갖고 계신다.

그리스도를 따르는 많은 사람들이 자신의 신앙과 일을

통합시켜 보려 하지만, 대개는 자신이 몸담고 있는 직업의 본질을 제대로 이해하지 못하는 한계를 드러낸다. 그 결과, 주로 직장에서 영적 필요를 채워 주는 사목(社牧) 같은 역할을 하는 데 그친다.

일이란 무엇인가?

흔히 '일'(work)과 '소명'(vocation, 직업이라는 개념이 포함돼 있다-편집자)이라고 말할 땐 각각 어떤 이미지를 떠올리는가? 대개 이 용어들은 명확한 구분 없이 뒤섞여 사용되곤 하지만, 이 책에서는 아래와 같이 정의해 사용할 생각이다.

'일'은 피조물인 우리가 하나님의 피조 세계로 행하는 모든 것이다.[1]

'일'이란 무엇인가에 대한 개념 정리라기엔 너무 막연한가? 이렇게 생각해 보자. 오늘 아침 사무실에 들어서서 전등 스위치를 켰을 때, 노트북을 꺼냈을 때, 첫 번째 이메일에 답장을 보냈을 때, 또는 앉아서 글을 쓰기 시작했을 때 나는 '일'을 했는가? 흔히 일이라고 하면 통장에 돈이 들어오게 할 무언가에 착수할 때 시작된다고 여긴다.

하지만 내 집 마당의 잔디를 깎는 것으로 돈을 벌 순 없어도 그것이 일이라는 데 모두들 동의할 것이다.

그렇다면 일은 어디에서 발생하는가? 사람들이 하나님의 세상과 상호작용하는 곳이라면 어디에서든 일이 발생한다. 꽃밭에 알뿌리를 심든, 교회를 개척하든, 집에서 아이들을 키우든, 차를 몰고 사무실에 가든, 노래 가사를 쓰든, 법정에 제출할 의견서를 쓰든 이 모든 게 일이다.

더 나아가 우리는 일을 본디 선한 것으로 이해한다. 창세기 1-2장을 보면, 죄가 세상에 들어오기 전, 하나님은 하나님의 형상을 드러낼 기회와 책임의 일환으로 아담과 하와에게 일을 주셨다. 창세기 3장에서 타락 사건이 있었지만, 그후에도 일은 취소되지 않았고 악해지지도 않았다. 비록 일 자체는 힘들고 고통스러워졌지만, 그럼에도 하나님이 뜻하신 바 그대로 여전히 선한 것으로 남았다.

하지만 동시에 일은 하나님의 원래 목표에서 잘못된 방향으로 어긋나는 경향이 생겨 버렸다. 일은 이제 여러 방면에서 하나님의 피조물들과 갈등을 일으킨다. 그래서 우리는 힘든 노동에 더해 우리의 일을 통해서 모든 것이 다시 하나님을 향하도록 재조정하는 고생스러운 작업에도 힘을 기울여야 한다. 그렇다, 모든 것을 재조정해야 하는 것이다!

좀 기가 질리는가? 사실 그렇기는 하다. 하지만 그리스도 안에서, 그리고 성령으로 말미암아 우리는 하나님과 더불어 만물, 곧 보이는 것과 보이지 않는 모든 것을 회복하는 데 참여하며, 이는 누군가를 지도하는 일에서부터 개를 산책시키는 일에 이르기까지 우리가 하는 모든 일에 의미와 목적을 부여한다.

'소명'은 우리 자신을 다른 이들에게 유용한 존재로 만드는 하나 또는 그 이상의 길이다.[2]

먼저, 여기서 "다른 이들"이라는 표현에 주목하자. 사람들은 자신을 위해 살도록 창조되지 않았다. 우리는 다른 이들을 위해 살도록 창조되었다. 첫 번째 "다른 이"는 바로 하나님이다. 예수님의 대계명(마 22:36-40)이 "네 마음을 다하고 목숨을 다하고 뜻을 다하여 주 너의 하나님을 사랑하라"고 시작하는 것도 이 때문이다. 이렇게 시작하지 않는다면 모든 것이 다 우상숭배가 되고 만다.

예수님이 강조하셨듯 두 번째 "다른 이"도 첫 번째와 다르지 않다. 즉, 우리는 "이웃을 네 자신같이 사랑"해야 한다. 우리 "자신"(self)이란 그저 우리의 사랑과 에너지가 하나님께로, 그리고 이웃에게로 향하도록 방향을 잡는 회전축일 뿐이다.

그 다음, 위의 정의에서 "하나 또는 그 이상의 길"이라는 말을 생각해 보자. 먼저 주목할 것은, 여러 가지의 길이 있다는 것이다. '소명'(vocation)은 문법상으로는 단수지만, 그럼에도 단수가 아니다. '소명'이란 말을 들을 때 우리는 흔히 고용 관계를 맺은 일자리를 떠올리는데 물론 이것도 한 가지 길인 것은 맞다. 하지만 소명은 내가 고용된 일자리만을 말하지 않는다. '소명'이란 쉽게 말해 '부르심'(calling)을 뜻하며, 우리 각 사람에게는 여러 가지 부르심이 있다. 그리스도인에게 가장 우선적이고 중요한 부르심은 예수님을 신뢰하고 순종하는 것이다. 예수님과의 연합을 통해 우리는 가정, 교회 공동체, 이웃, 직장(또는 일터)에서 여러 부르심을 삶으로 살아 낸다. 이 네 가지 말고도 어떤 이들에겐 다른 많은 소명이 있을 수 있지만, 이보다 적을 가능성은 없다.

이 모든 각각의 영역에서 우리는 부르심을 받았으며 하나님을 사랑하고 이웃을 사랑해야 하는 소명을 안고 있다. 물론 대다수 사람들이 이 중 한 가지 소명을 통해서만 보수를 받는다.

일은 소명이라는 장갑에 생동력을 불어넣는 손과 같다. 식탁에 장갑 하나가 놓여 있다고 해 보자. 이 장갑이 유용하게 쓰이려면 손을 장갑 안으로 넣어야 한다. 하지만 손을 무작정 장갑 속으로 밀어 넣어선 안 된다. 장갑으로 뭐라도 할 수 있으려면 손가락 하나하나를 장갑에 제대로 맞춰 넣어야 한다.

일과 소명의 관계도 이와 유사한다는 점을 이해해야 한다. 우리는 삶의 많은 영역으로 부르심을 입으며, 다양한 소명에 종사한다. 우리의 소명을 완수하는 마땅한 방도는, 하나님과 이웃을 향한 이중의 사랑을 위해 늘 힘쓰는 것이다. 하지만 소명이라는 장갑에 우리의 일이라는 손을 제대로 끼워 넣었을 때, 비로소 이 소명들은 하나님과 하나님의 세상을 향한 사랑의 수고를 시작한다.

일의 모양은 각기 다를지 몰라도, 소명과 무관한 일은 없다. 집에서 아기 기저귀 가는 일은 자동차로 음식 배달하기, 교회에서 주보 인쇄하기, 다음날 스포츠 신문 칼럼 편집을 위해 야근하기 등과 마찬가지로 하나님과 이웃을 향한 이중의 사랑을 실천하는 일이다. 각각의 일은 중요하며 우리의 성실함이 필요하다.

일과 창조

앞에서 규정한 대로, 피조물인 우리가 하나님의 피조 세계로 행하는 모든 것이 일이라면, 일을 이해하기 위해서는 하나님의 창조를 이해해야 한다. 성경은 창조를 이해하기 위한 최고의 권위이므로, 일을 이해하고 그 일이 창조와 어떤 관계에 있는지 이해하기 위한 자료가 된다.

창조

하나님은 만물을 창조하시고 보기에 좋다고 말씀하셨다(창 1:4, 10, 12, 18, 21, 25, 31). 하나님의 이 선언은 창조하신 만물의 일부분만 선하다고 암시하는 이원론, 즉 성속(聖俗)의 구별을 거부한다. 이원론은 일터에 대한 기독교적 이해를 오염시키며 우리의 신앙을 일상의 의무들과 분리시킨다. 이원론은 본질적으로 우리의 충성을 둘로 나누고, 하나님 나라를 중심에 둔 채 일에 매진하지 못하도록 방해한다. 이원론은 세상을 가로질러 선을 그어 놓고 그 선을 넘지 못하게 강요하는 방식으로, 결국 영적인 일은 선 이편에 속하게 하고 소명이라든가 다른 사람들에 대한 관심 등은 저편에 속하게 만든다.[3] 이렇게 성스러운 영역과 세속적인 영역을 서로 나누는 세계관은 성경의 가르침(창 1장, 딤전 4:4)을 근본부터 훼손하며, 그리스도인의 삶 전체가 주님께 드려지는 것임을 깨닫는 데 실패한다.

인류는 창조의 정점이며, 하나님은 자신이 창조하신 그 모든 것을 보시고 "심히 좋다"고 하셨다(창 1:31). 인류가 하나님 보시기에 좋다는 것은 본질상 우리가 하나님의 형상을 지닌 존재이기 때문이며, 이는 하나님이 그러하시듯 우리도 우리를 둘러싼 사람들 및 만물과 관계를 맺으며 살아간다는 것을 의미한다. 우리 인간이 대표적으로 맺는 관계를 네 가지로 정리할 수 있는데, 하나님과의 관계, 서로와의 관계, 자기 자신과의 관계, 그리고 하나님의 피조 세계와의 관계다. 이는 하나님이 행하시는 구속의 범주가 무엇이며, 나아가 우리의 일이 하나님의 구속 계획을 어떻게 촉진하는지를 알게 한다.

타락

창세기 3장의 타락 기사를 보면, 하나님은 아담과 하와에게 자신들의 자유의지로 특정한 선택을 내림으로써 하나님을 향해 사랑을 표현할 능력을 허락하셨다. 그들은 그 능력으로 하나님의 명령을 따르는 쪽을 택할 수도, 아니면 선악을 알게 하는 나무의 열매를 따먹고 스스로 만족감을 얻을 수도 있었다. 두 사람은 후자를 선택했고 이들의 선택은 하나님에 대한 반역으로 규정되었다. 그 결과 인류의 기본 관계들을 포함해 하나님이 좋다고 선언하신 모든 것에서 나타나는 조화가 무너졌다. 죄는 인간과 하나님 사이를 갈라놓았고, 사람들 사이에 다툼을 초래했으며, 모든 사람의 내면에 불안을 조장했고, 하나님의 피조 세계 안에 무질서를 일으켰다.

구속

모든 유익한 이야기에는 갈등과 그 갈등의 해법이 있으며, 성경도 예외가 아니다. 인간의 타락(갈등)을 기록한 창세기 3장에서 성경 기자는 구속을 위한 하나님의 계획(해법)도 기록한다. 창세기 3:15은 이렇게 선언한다. "내가 너로 여자와 원수가 되게 하고 네 후손도 여자의 후손과 원수가 되게 하리니 여자의 후손은 네 머리를 상하게 할 것이요 너는 그의 발꿈치를 상하게 할 것이니라." 이는 하나님이 원래 선하다고 선언하신 모든 것을 회복하려고 그리스도가 오실 것을 최초로 선포하신 말씀이다.

회복

구약성경은 하나님이 자기 백성에게 하신 약속들을 신실하게 지키시는 모습을 상세히 기록한다. 그중 한 가지 약속, 즉 장차 다윗의 자손이 오시리라는 약속은 예수님 안에서 성취되었다(마 1:1). 예수 그리스도의 죽으심과 부활을 통해 새로운 시대가 열렸다. 바로 하나님의 피조 세계 전반에 걸쳐 구현될 십자가의 회복력을 목격할 수 있는 시대다. 그리고 그 회복력은 우리의 일을 통해서도 드러난다. 하나님의 구속 사역은 장차 있을 (에덴 시절의) 통치의 회복으로 절정에 다다를 것이며 그분의 왕국이 완성되기까지 계속될 것이다. 성경의 전체 드라마는 이 결말을 향해 흘러간다.[4]

그리고 이야기가 전개되는 동안, 우리는 일한다.

내가 하는 일이 하나님에게 중요한 이유

율법에 대한 이해 없이는 성경이라는 장구한 드라마 속 갈등과 해법을 제대로 이해하기 어렵다. 이 율법을 놀랍게 요약한 것이 그리스도의 대계명인데, 두 개의 축(軸)이 서로를 지지해 주는 형태를 이루고 있다. 첫 번째 축은 수직적 차원으로서, 하나님 사랑을 강조한다. "네 마음을 다하고 목숨을 다하고 뜻을 다하여 주 너의 하나님을 사랑하라"(마 22:37). 대체로 우리는 율법의 수직적 차원을 예배나 하나님과의 관계라는 측면으로 한정하려 한다. 수직적 차원을 이렇게 제한한다면 유감스럽게도 수평적 차원과 별 상관없는 게 된다.

두 번째 축은 수평적 차원으로서, 이웃 사랑을 역설한다. "네 이웃을 네 자신같이 사랑하라"(마 22:39). 앞서와 마찬가지로 우리는 수평적 차원을 인간관계나 사회정의 문제로 제한하려는 경향이 있다. 그리고 유감스럽게도 우리 삶의 이 영역을 율법의 수직적 차원과 좀처럼 연결 짓지 못한다.

율법의 수평적 차원에 대한 고려 없이 수직적 차원을 지나치게 강조하는 태도는 뜨겁기만 한 기독교 근본주의로 희화화될 수 있다. 반대로 수평적 차원을 지나치게 강조하며 수직적 차원을 경시하는 태도는 자유주의 신학의 사회 복음으로 풍자될 수 있다. 우리가 하나님의 구속 계획에 참여하기 위해선 수직적 차원과 수평적 차원의 두 가지 노력 모두가 필요하다. 그럼에도 둘 중 어느 하나만을 지나치게 앞세울 경우 오히려 대계명 완수에 장애물로 작용할 여지가 크다. 수직적 차원과 수평적 차원의 노력을 함께 기울이면서 균형을 유지해야 한다. 그래야 우리 삶의 모든 영역에서 하나님 앞에 신실한 자로 드러날 수 있다.

교회의 역사 전반에서, 대계명 수행을 위해 수직적 차원을 앞세우는 그리스도인들이 있었고, 수평적 차원을 더 선호하는 그리스도인들도 있었다. 대체적으로, 신학적으로 보수적인 그리스도인들은 하나님 사랑에 보다 치중하는 편이고, 신학적으로 진보적인 그리스도인들은 역사적으로도 드러나듯 이웃 사랑에 초점을 더 맞추는 편이다.

보수적인 그리스도인의 신앙은 성경 암송하기, 날마다 경건의 시간 갖기, 기도하기, 금식하기, 홀로 묵상하기,

개인 예배드리기 등과 같이 개인의 경건에 초점을 맞추는, 이른바 영성 형성 활동이 특징이다. 개인 경건을 중시하는 신자가 외부로 시선을 돌려 문화에 참여할 때 이들은 대개 구두로 복음을 선포하는 데 목표를 두고, 복음을 증거하기 위해 노력한다.

일터에서도 마찬가지다. 수직적 차원에 보다 큰 관심을 갖는 그리스도인은 하나님과 개인적으로 깊은 교제를 가지려 애쓰며, 동료들도 그렇게 할 수 있기를 바란다. 그 결과, 이들은 동료들이 "위의 것"에 참여하도록 돕는 데 힘을 쏟는다.

이와 대조적으로 진보적인 그리스도인은 이웃에게 다가가기, 장차 완성될 하나님 나라의 특징인 화평을 이 땅에 심기 등을 자신들의 사명으로 인식하는 경향이 있다. 그 결과, 이들이 그리스도를 따르는 모습은 압제받는 사람들 해방시키기, 계급과 차별 종식시키기, 기아 문제 해결하기 등으로 표현된다. 수평적 차원에 더 큰 관심을 갖는 그리스도인은 위와 같이 훌륭한 목표를 추구하기 위해 자신의 직업을 적극 활용한다. 다만 이러한 노력이 변화의 능력을 허락하시는 성령 하나님과 분리될 경우, 단지 또 하나의 인도주의 활동에 머무를 위험이 있다.

이제 우리의 모범이신 그리스도를 바라보자. 그분의 삶은 수직적 차원과 수평적 차원이 아름답게 조화를 이루면서 그리스도인이 따라야 할 본이 되었다. 그리스도는 사회에 대한 관심과 복음 증거에 대한 열정 모두를 골고루 보여 주셨다. 마태복음 28장의 대위임령 본문이 더 유명하기는 하지만, 요한이 전해 주는 이야기는 십자가에서 드러나는 두 차원의 삶 모두를 긴장감 있게 보여 준다. 요한복음 20:21을 보라. "예수께서 또 이르시되 너희에게 평강이 있을지어다 아버지께서 나를 보내신 것 같이 나도 너희를 보내노라." 그리스도는 자신이 모범으로 보여 준 삶을 그대로 살아가라고 제자들에게 도전하신다. 그리스도 스스로도 (제자들에게 요구하신 그대로) 자신을 보내신 아버지를 온전히 드러내는 삶을 사셨기 때문이다.

일반적인 이해와 달리, 모든 성도에게 주어진 회복의 사명은 성경 전체 이야기를 관통하고 있다. 그러므로 회복이라는 측면에서 우리의 사명을 제대로 이해하려면 성경의 전체 이야기에 주목해야 한다.[5]

우리의 사명은 우리의 소명과 긴밀히 얽혀 있다. 우리 각자 부름 받은 소명은 하나님의 이야기라는 위대한 포물선 어디쯤에 의미 있게 들어맞는다.

성경 이야기는 우리의 죄 문제 해결과 개인 경건보다 훨씬 많은 것을 담고 있다. 성경은 하나님의 통치, 그 통치를 거스른 반역, 그리고 하나님 영광을 위한 피조 세계의 회복에 관한 이야기다.[6] 일이란 사람이 하나님의 피조 세계로 행하는 모든 것이라고 정의했으므로, 우리의 소명은 하나님 나라가 완성되기까지 그리스도의 통치를 드러내는 하나의 방편이 된다. 하나님의 계획 속에서 우리의 일이 어떤 역할을 하는지 보다 깊이 이해하기 위해 성경의 드라마를 살펴보자.

일과 구속

그리스도의 초림과 재림 사이를 살아가는 우리 제자들은 부활의 회복력 있는 열매를 경험했다. 거기에 더해 장차 완성될 하나님 나라를 선포하고 드러내야 하는 사명을 받았다. 하나님 백성으로서 우리의 말과 행동은 구속을 바라며 탄식하는 세상 한가운데서 그리스도의 통치의 실체를 보여주는 표지판 또는 선구자 역할을 한다. 그리고 우리의 일은 이 증언에 필수 요소다. 본질적으로 그리스도인의 (소명에서 비롯된) 일은 하나님의 영원한 나라에서 완성될 구속의 씨앗이 되어야 한다.

수직적 차원을 지향하는 그리스도인들도 직업을 가지면 (관계를 통해) 이웃을 섬길 기회가 생긴다는 전제를 가지고 움직인다. 그럼에도 하나님의 사명에 참여하는 것은 직무 내용과는 별 상관이 없으며 일은 기껏해야 복음을 전할 대상자들과 관계를 맺는 환경이라는 의식이 전반에 깔려 있다. 하지만 우리는 여기서 한 걸음 더 나아가야 한다. 세상을 지탱하시는 하나님의 손길을 증거하기 위해 피조 세계를 경작하는 것이야말로 우리의 일에서 필수적임을 이해해야 한다. 그것은 하나님을 영화롭게 하고 이웃을 섬기는 길이다.

로버트 J. 뱅크스는 하나님의 형상을 지닌 우리가 피조 세계에서 어떻게 하나님의 회복 사역을 모방하는지 설명하기 위해 하나님의 활동 여섯 가지를 언급한 뒤 그것을 오늘날 우리의 소명과 짝지운다. 이 소명 안에서 하나님의 백성은 피조 세계를 지탱하시는 하나님의 손길로 일한다.[7] 첫째, 뱅크스는 구원하고 화목케 하시는 하나님의 성품을 강조한 뒤 이를 복음 전도자, 목회자, 상담가의 일과 동일시한다. 그들이 일 가운데 하나님의 이 활동을 반영할 때 사람들은 장차 화목과 소망을 완성하실 하나님의 열심을 어렴풋이 볼 수 있다. 영화 제작자, 예술가, 작곡가, 작가 등도 화목케 하는 분이신 하나님께 우리의 시선을 집중시키는 데 필요한 메시지와 상징을 자신들의 작업에 짜 넣을 수 있다.

둘째, 우리는 우리가 살고 있는 이 물질 세계를 빚으신 하나님의 탁월하신 창조성을 증거한다. 건축가, 페인트공, 인테리어 디자이너로 일하는 사람들이 보여 주는 솜씨는 하나님의 창조성과 아름다움을 반영한다.

셋째, 피조 세계를 지탱하시고 운행하시는 하나님의 섭리 역시 일련의 (직업으로서의) 소명 가운데 포착된다. 예를 들어 공공 정책, 건물 감리, 환경 보존 등과 같이 세상의 질서를 유지하는 일은 피조 세계를 유지하는 하나님의 사역에 참여하는 것이다(골 1:17).

넷째, 공의(정의)는 하나님의 성품의 본질적인 부분으로서 판사, 변호사, 법무사, 감사원, 법 집행관 등은 하나님과 하나님 나라의 특징인 정의와 평화(신 32:4, 욥 37:23, 시 89:14) 실현을 위해 애쓴다.

다섯째, 의사, 간호사, 사회복지사, 상담사는 도움이 필요한 이들에게 긍휼과 치유를 베푸는 하나님의 도구다(출 34:6, 시 103:8).

여섯째, 하나님은 성령을 통해 사람들을 깨우치고 진리를 알게 하시는데(고전 2:10-11) 교사, 작가, 목회자, 언론인도 이 신적 사역에 참여한다.

결론

날마다 우리에게는 예수 그리스도의 복음을 증거할 기회가 주어진다. 좋은 소식이 어디까지 미칠 수 있는지 보여줄 날마다의 기회를 잡으라. 특히 하루의 대부분을 머무는 일터에서의 기회를 놓치지 말라. 인생 대부분의 시간을 보내는 곳에서 그렇게 하지 못한다면, 복음을 우리 삶에 의미 있는 수준으로 통합시킨다는 게 무슨 의미인지 안다고 자신할 수 없을 것이다. 그리스도의 제자들은 새로운 피조물이며, 우리는 죄가 피조 세계에 미치는 영향력뿐만 아니라 하나님의 구속 계획이 미칠 압도적인 능력을 함께 알고 있다. 이 책을 읽는 독자들이 복음을 듣고 새로운 피조물로 변화된 그리스도인인 우리가 어떤 사람인지 깨닫기를 기대한다. 우리는 인류와 맺으셨던 최초의 타락 이전의 관계를 회복하시려는 하나님의 열망을 선포하고 증거해야 한다. 또한 소명을 따라 각자의 일터에서 이웃에게 하나님의 사랑을 전파해야 한다. 우리 안에 거하시는 성령의 일하심에 의지할 때 이 일은 실제로 이루어진다.

적용을 위한 질문

- 영적인 것과 물질적인 것을 분리하려는 이원론으로 일터에서의 모습을 합리화한 적이 있는가? 이른바 성속을 분리하는 이원론은 당신의 삶에 얼마나 힘을 발휘하고 있는가?
- 직장에서 하나님과 이웃을 사랑할 수 있는 당신만의 적극적인 방법은 무엇인가?
- 당신이 하는 일은 복음과 어떤 식으로든 접점이 있는가? 그리스도를 전하기 위해 그 접점을 어떻게 활

용할 수 있겠는가?

- 일터에서 복음을 전하는 것과 탁월한 역량으로 일을 해내는 것, 당신은 이 두 가지를 어떻게 조화시킬 수 있겠는가?

추천 도서

DeKoster, Lester. *Work: The Meaning of Your Life*. Grand Rapids: Christian's Library Press, 2010.

Keller, Timothy. *Every Good Endeavor*. New York: Dutton, 2012. 『팀 켈러의 일과 영성』(두란노서원).

Wright, Christopher J. H. *The Mission of God: Unlocking the Bible's Grand Narrative*. Downers Grove, IL: IVP Academic, 2006. 『하나님 백성의 선교』(IVP).

2. 구약성경이 말하는 일

> 서구인들이 철학과 문화를 지배하는 세상에서 일, 특히 육체 노동은 인간의 존엄성을 떨어뜨리는 것으로 여겨져 대개 노예나 문화적으로 가장 낮은 수준의 자유인에게 맡겨졌다. 노동은 교양 있고 세련된 사람들이 할 일이 아니었다. 반면, 성경은 이와는 아주 다른 그림을 그린다.[1]
>
> 채드 브랜드, *Flourishing Faith*

"주말만 보고 살아"(Livin' for the Weekend)라는 노래가 리메이크된 이유는 이 노래가 미국 노동자들의 정서에 맞닿아 있기 때문이다. 월요일마다 노동자들은 짜릿했던 주말의 기억을 뒤로하고 고단한 평일을 맞이하며 출근 카드를 찍는다. 많은 사람에게 매주 7일 중 5일은 주말에 즐길 비용 마련을 위해 감내해야 하는 필요악이다. 그들은 대개 부자가 되어 엄격하고 단조로운 일터를 탈출할 수 있게 되기를 꿈꾼다. 이들에게 일은 벗어나야 할 저주 그 이상도 이하도 아니다.

일에 관한 성경적 가르침이 오랫동안 부재했던 데다 일의 가치와 역할에 대한 문화적 오해가 널리 퍼진 결과, 완전히 잘못된 이유로 땀을 흘리는 가련한 노동자들이 생겨 났다. 시류가 변하고 있다고는 하지만 돈을 벌기 위해서만 일하는 사람들이 여전히 많다. 이러한 패러다임 안에서 사람들은 특정한 생활양식을 유지할 만큼 돈을 버는지를 놓고 성공을 가늠한다. 일하는 목적이 돈을 쓰기 위해서라고 믿을 때 사람들은 돈벌이가 되는 직업만 찾게 되고 그 결과, 잘못된 선택을 하게 되는 경우가 있다. 일할 때 느끼는 보람 따위는 기대조차 않는다. 그렇다면 다른 일자리를 찾으면 좀 더 만족감을 얻을 수 있을까? 어떤 모양이든 '일'이라는 것 자체가 저주받았기에 그저 괴롭고 비참하기만 한 것일까?

하나님의 말씀은 삶의 모든 영역에서 권위를 갖는다. 이는 우리의 일에 대해서도 마찬가지다. 성경은 하나님의 말씀이 우리를 가르치고 책망하고 바로잡고 의를 훈련하는 데 유익하며, 하나님의 모든 종들이 모든 선한 일을 할 수 있게 준비시킨다는 사실(딤후 3:16-17)을 우리에게 일깨워 준다. 하지만 적지 않은 그리스도인들이 영적 관점을 배제한 채 세속적 관점에서만 성경을 읽든지, 아니면 영적 관점에서 읽기는 해도 그 관점이 정작 현실 세계와 동떨어진 경향이 있다.

(모세오경으로 불리는) 율법서, 그리고 역사서, 시가서, 선지서 등 구약성경의 각 부분은 일에 관한 가르침에 저마다 기여하는 측면이 있다. 창세기 처음 세 장은 일에 관한 성경의 관점에 토대를 놓는 것으로 시작하며, 이 토대는 우리가 무슨 일을 하든 그 '일'이라는 것 자체에 의미를 불어넣는다(전 9:10).

일하시는 하나님(창 1-3장)

일하지 않아도 되는 삶에 대한 꿈은 전혀 새로운 게 아니다. 고대 그리스 철학자들에게 신들은 완벽한 지성으로서 이 세상의 일상적 근심거리에 관여하지 않는 존재였다. 그렇기에 그리스 철학자들은 일상은 뒤로한 채 세속을 초월한 이상(理想)에만 몰두해 신처럼 되고자 했다. 그들에게 '일'이란 이상적인 삶을 위해 해선 안 되는 것이었다. 이런 그리스 사상 및 다수의 서양 사상과는 대조적으로 구약성경은 일에 대한 부정적 사고방식에 정면으로 맞선다.

창조(창 1-2장)

성경 이야기의 첫 부분은 하나님이 열심히 일하시는 장면으로 시작한다. 데이비드 H. 젠슨은 성경의 하나님을 그리스 신들과 대조하면서 "하나님은 일에서 물러나 그저 보좌에 앉으신 채 사물을 존재하게 하지 않으신다. 일의 의무를 내려놓은 그리스 로마 신화의 신들과 달리 … 성경의 하나님은 영원 전부터 일하신다"고 강조한다.[2] 성경의 첫 장에서부터 하나님은 만물을 창조하시고(창 1:1), 말씀하시고(창 1:3, 6, 9, 11, 14, 20, 26), 나누시고(창 1:4, 6), 만드시고(창 1:7, 26), 이름을 짓고 불러 주신다(창 1:8, 10). 창세기 첫 장에 기록된 신적 행위는 일이 타락의 결과라는 개념을 배격한다.

타락(창 3장)

하나님은 인간이 범죄하여 타락한 이후에도 계속 일

하셨다. 말하자면 하나님은 운전대를 잡은 채로 잠들지 않으셨다. 하나님의 일은 결코 중단되지 않았다. 하나님은 아담과 하와가 범죄하고 하나님을 피해 숨었을 때 즉시 이들과 관계 맺기 위한 노력에 착수하셨다(창 3:9). 죄로 말미암아 인간이 감당할 일에 대한 저주를 선언하신 후에도(창 3:14-19), 하나님은 인류 가운데서 구속의 일을 계속해 나가셨다.

구속(창 3장)

하나님은 곤고함과 무질서 한가운데 소망이 있음을 알리시듯, 아담과 하와가 입을 옷을 '손수' 지어 입히셨다(창 3:21). 벌거벗은 인간을 위해 하나님이 제공하신 '덮을 것'은 죄로 가득한 세상에서 위험에 노출되지 않도록 하나님이 보호하신다는 하나의 징표였다. 궁극적으로 인류를 위한 소망과 복은 뱀의 머리를 상하게 하실 분을 통해 임할 터였지만(창 3:15), 하나님은 당장 아담과 하와가 입은 상처를 치유하기 위해서도 일하기를 멈추지 않으셨다. 하나님의 백성인 우리도 마찬가지다. 우리는 하나님에 의해 장차 완성될 구속이 우리의 일을 통해서도 나타

나도록 힘써야 한다.

하나님이 일을 선하게 창조하셨다는 것(창 1-2장), 인간이 범죄하여 자신의 일에 저주가 임하게 됐다는 것, 하나님이 일을 속량하시고 자신의 통치를 회복하고자 하신다는 것을 깨닫지 못하면, 당연히 사무실, 공장, 커피숍으로 출근하기를 지겨워하는 이들이 생길 수밖에 없다. 일하는 이들이 하나님과의 관계 속에서 자신의 일을 이해하지 못하는 한, 일은 현실적 의미를 찾지 못할 것이다.

하나님의 형상을 지닌 일꾼

하나님의 형상을 지닌 존재로서 일한다는 것은 우리의 소명 이해에 새로운 지경을 넓혀 준다. 티모시 켈러는 아담과 하와에게 주어진 "땅에 충만하라"는 명령이 동식물에게 주어진 명령과 구별된다는 점에 주목한다. 동식물에게는 생육하고 번성하여 땅에 충만하라고 명령하셨다(창 1:11, 20-25).[3] 인류에게도 그와 같은 임무가 주어졌지만, 한 가지가 추가되었다. 땅을 정복하고 다스리라는 것이었다. 즉 고도의 문명 발전에 대한 명령이었다. 본질적으로 인간은 피조 세계에 대해 "작은 주"(lords) 역할을 하

도록 부름을 받았다.[4]

창조 기사에는 하나님의 형상을 지닌 인간이 하나님의 신적 행동을 따라하는 모습이 기록되어 있는데, 이는 오늘날 우리가 일터에서 하는 일과 다르지 않다. 창조 엿새째 되는 날, 하나님은 창조의 마지막 방점 찍기를 일부러 삼가셨다. 지혜로우신 하나님은 세상이 더 개발될 가능성을 남겨 두신 것이다. 그 결과 하나님이 남겨 두신 일은 하나님의 형상을 지닌 자들이 마무리해야 했다. 아담이 짐승들에게 이름을 지어 준 것이 그런 일의 한 예다(창 1:19-20). 이 일은 피조물의 각 요소에 이름을 지어 주고(창 1:8) 혼돈에 질서를 부여함으로써(창 1:2) 피조물에 대한 다스림을 행사하는 신적 행동을 반영한다.

인류의 주된 임무 중 하나는 문명을 발전시키는 것이다. 그리고 이 일은 사회적 차원과 문화적 차원 모두에서 일어나야 한다.[5] 하나의 사회를 건설하는 일에는 경제, 사업, 스포츠, 예술, (사회적 관행이나 민간 풍습 같은) 문화 규범, 음악, 여가 활동 등이 포함된다. 하나님은 창세기 처음 몇 장에서 이 일을 몸소 보여 주셨다. 에덴동산에서 얼핏 목격할 수 있었던 이 일을 오늘날 우리는 계속 이어

나가고 있다.

근본적으로 창세기 기사는 피조 세계를 돌보고 계발하는 하나님의 일을 계속 이어 나갈 때 하나님의 형상을 지닌 이들이 존엄하게 된다는 점을 분명히 한다. 피조 세계를 돌보고 계발하는 일은 이 땅에서 하나님의 대리인 역할을 맡은 우리에게 꼭 필요한 선한 행위다. 실제로 성경에 근거해 피조 세계를 통치할 때 그것은 우리의 존엄을 드러낼 뿐 아니라 (하나님이 세상에서 일하실 때 정하신 창조의 구상을 고스란히 따른다는 점에서) 하나님께 영광을 돌리는 일이 된다.

하지만 타락으로 인해 우리의 일에 대한 개념에 금이 갔으며, 그 결과 무수한 문제가 발생했다. 과로와 나태는 하나님이 창세기에서 모범으로 제시하신 '일과 안식'의 균형을 깨트린다.

과로는 하나님이 피조 세계에 정해 놓으신 패턴을 역행한다. 사람들은 일에서 개인의 가치를 어떻게 찾아야 하는지를 오해한 나머지 과로하게 되었다. 다시 말해, 과로는 세상에서 자신의 가치를 찾는 수단이 된 것이다. 일할 능력을 주시는 하나님이 아니라 일 자체에서 개인의 가치를 비정상적일 정도로 찾을 때 우리는 과로하게 된다. 또한 과로는 우리가 하나님을 영화롭게 하고 이웃을 사랑하기 위해서가 아니라 단순히 이윤을 얻기 위해 일하고 있음을 방증한다.

일과 쉼

쉼은 주님을 기쁘시게 하는 방식으로 우리의 일에 합당한 가치를 부여한다. 우선, 쉼은 우리가 기계와 같은 제품이 되지 않게 한다. 기계는 우리가 생산하는 재화와 서비스를 위해서만 가치를 인정받지만, 쉼은 우리가 그런 기계와는 다른 가치가 있는 존재라는 인식을 확장시켜 준다. 왜냐하면 휴식을 취할 때 우리 인간 됨의 다른 부분이 작동하기 때문이다. 출처를 알 수 없는 한 격언은 우리에게 균형을 유지해 인간답게 살라고 권면한다. "머리로 일한다면 손으로 쉬어야 하고, 손으로 일한다면 머리로 쉬어야 한다."

또한 쉼은 현대인들의 사고에 자리 잡은 무한경쟁의 시장 중심의 가치를 재조정하게 한다. 독일의 철학자 요제프 피퍼(Josef Pieper)는 자신의 책 『여가, 문화의 기초』

(*Leisure, the Basis of Culture*)에서 이 문제를 다루었다. 켈러는 피퍼의 주장을 다음과 같이 요약한다.

> 여가란 단순히 일이 없는 상태가 아니라, 가치나 당장의 유용성을 고려하지 않고 모든 것을 있는 그대로 받아들이고 누릴 줄 아는 마음의 태도다. 우리 문화에서 그렇듯 일에 사로잡힌 마음은 만사를 효율성, 가치, 속도의 관점에서 보는 경향이 있다. 하지만 삶의 가장 단순하고 평범한 측면, 즉 엄밀히 말해 효율적이지는 않고 그저 유쾌하기만 한 측면일지라도 이를 누릴 줄 알아야 한다.[6]

이와 반대로, 나태는 사람들에게서 존엄해질 기회를 빼앗는 방식으로 인간을 위한 하나님의 구상을 왜곡한다. 창세기 1장이 게으른 자를 향해 직접 훈계하지는 않지만, 행간에 담긴 의미는 명백하다. 잠언은 게으른 자에 대해 묘사하면서 비판적이고 노골적인 표현을 서슴없이 사용한다. 게으른 자는 "사자가 밖에 있은즉 내가 나가면 거리에서 찢기겠다"(잠 22:13)는 억지스런 핑계를 대면서 일상의 의무를 이행하려 하지 않는다. 굼뜬 사람은 잠자리에서 일어나야 할 때 삐걱거리는 문처럼 침대 위를 맴돈다(잠 26:14). 잠언에서 가장 생생한 표현을 꼽자면, 게으른 자는 자기가 이미 시작한 일을 끝내지 못할 정도로 무기력하다고 말하는 다음 구절이 아닐까 한다. "게으른 자는 자기의 손을 그릇에 넣고서도 입으로 올리기를 괴로워하느니라"(잠 19:24).

창세기의 창조 기사는 일에 대한 하나님의 뜻을 이해하기 위한 기초가 된다. 하나님이 일꾼이시기에 하나님의 형상을 지닌 이들도 일꾼이며, 우리는 일을 함으로써 존엄성을 갖는다. 우리의 일이 더욱 특별해지는 것은 우리가 사람들 사이에서 하나님을 반영하는 존재라는 점 때문이다. 즉, 사람들이 일을 대하는 동기가 잘못되거나 과로와 나태 같은 문제가 발생할 때 이를 바로잡는 역할을 해야 한다. 하나님이 일을 어떻게 생각하시는지 창세기 11장을 통해 좀 더 살펴보기로 하자.

빗나간 영광 이야기(창 11장)

창세기 11장은 언어학자, 선교사, 인류학자 사이에서 인기 있는 본문이다. 또한 일에 관한 우리의 논의에도 중요한 기여를 한다. 창세기 3장 타락 사건의 여파로 피조 세계를 향한 하나님의 구상에 균열이 생겼다. 창세기 11장은 타락 이후 인간의 마음 자세를 보여 준다. 인간은 하나님으로부터 멀리 떠나갔다. 바벨탑 사건은 오로지 자기 영광과 개인적 이익을 위해 일하는 사람들에 대해 이야기한다. 또한 이들의 죄에 하나님이 어떻게 반응하시는지도 기록한다. 창세기 11장의 처음 몇 절은 사람들이 "동쪽에서 … 시날 땅 한 들판"(창 11:2, 새번역)까지 이동한 것에 주목함으로써 이 이야기의 파괴적 결과를 슬쩍 비춘다. 즉 이 구절은 창세기의 핵심 주제 하나를 끄집어내면서, 사람들이 공급자이신 하나님의 손길을 거부하고 떠나 버린 채 자기만의 수단으로 자기 필요를 채운다는 점을 부각시킨다(3:24, 4:16, 13:11).

창세기 11:4은 시날에서 사람들이 궁리해 낸 사중의 전략을 설명한다. (1) 탑을 건설하고 (2) 이름을 내고 (3) 도성을 세워 (4) 지면에 흩어지는 일이 없게 하자는 것이다. 이들이 비록 고대에 살았다고는 하나 그 모습을 보면 자기 이름을 내고자 무슨 짓이든 감행하는 우리 시대의 모습과 다르지 않다. 사람들에게 주목을 받고자 탑을 세운 행동은 오늘날 일터에서 인정받기 위해 밤늦도록 무리하거나 자기 직업상의 성과를 대놓고 우쭐대는 것이나 마찬가지다.

오로지 자기 이름을 알리고자 하나님이 주신 권한과 재능을 사용하는 것은 하나님의 뜻과 상충된다. 창세기에서 계시록에 이르기까지 하나님의 바람은 하나님 자신이 알려지는 것, 그리하여 이 세상에서 깨지고 상한 이들을 속량하려는 계획이 진척되는 것이다. 예를 들어, 창조기사는 그 무엇도, 그 누구도 하나님의 다스림과 경쟁해서는 안 된다고 실례를 들어 설명한다. 하루하루 기록된 하나님의 창조 행위는 고대 근동의 이방 신들과 대비되며 이들의 존재를 하찮게 만든다. 마찬가지로, 신약성경에서 지상명령이 기록된 부분을 보면, 자신의 이름을 위한 하나님의 열심에는 오해의 소지가 없다. 하나님이 우리에게 권한과 재능을 주신 것은 주변 사람들에게 하나님을 드러내기 위해서다. 하나님이 주신 능력을 이용해 그리스도가 아닌 나 자신을 알리고자 한다면 우리는 이웃에게 피해를 주게 될 것이다.

결국 내가 가진 능력이 아무리 대단하다 해도 오로지

하나님만이 타락한 인간을 구원하신다. 이에 대한 존 파이퍼의 설명을 들어 보자. "자기를 높이는 것이 가장 깊은 사랑의 행위인 존재는 우주 가운데 하나님밖에 없다. 그 외에 자기 자신을 높이려는 사람은 우리의 주의를 흩뜨려 우리에게 정말 필요한 분, 즉 하나님을 바라보지 못하게 만든다."[7]

자기를 높이려는 경향을 억제하기란 힘든 일이다. 특히 서재나 공장, 혹은 연구실에서 우리가 씨름해 온 일이 마침내 인정받을 때는 더더욱 그렇다. 하지만 자기를 높이는 행동은 위험천만하다. 단순히 하나님의 영광을 빼앗기 때문만이 아니다. 사람들이 온 우주의 주님이 아니라 피조 세계에 대한 우리의 보잘것없는 주인 노릇에 시선을 돌리게 만들기 때문이다. 하나님이 당신에게 큰 계약을 성사시킬 기회를 주신다면, 함께 일하는 동료들이 이를 통해 당신의 능력이 아닌 그 능력을 허락하시고 궁극적으로 산업과 기업을 창조하신 하나님께 주목하게 하라.

하나님은 자기 백성들이 재능과 은사를 동원해 하나님을 높이기를 기대하시지만, 시날에서도 그러셨듯 백성들이 하나님의 기대에 어긋난 선택을 하면 이를 징계하시는 데 주저하지 않으실 것이다. 시날에서 하나님은 백성들을 흩으심으로 그들이 끊임없이 유혹을 받고 엉뚱한 곳에 관심을 기울이지 못하도록 은혜를 베푸신 셈이다(창 11:8). 그리고 하나님은 사방으로 흩으신 자들을 영영 내버려 두지 않으시고 구속을 행하신다. 즉 그들과의 관계를 돌이키고 회복시키기 위해 아브람과 그 후손을 보내셨다(창 12:1-3). 우리가 일함으로써 얻는 영광은 오로지 하나님의 몫이다. 만일 일터에서 당신을 좋게 보는 누군가가 있다면, 그가 최초의 일꾼, 즉 하나님께 관심을 돌리도록 노력하라.

율법도 일에 대해 자주 언급한다. 일에 관한 율법의 가르침은 자기 백성이 하나님을 위해, 그리고 서로를 위해 살기를 바라시는 하나님의 마음을 잘 대변한다. 율법의 기치를 제대로 드높일 때, 그 백성의 삶은 주변 민족들과 뚜렷이 구별될 것이며, 그 드러나는 차이야말로 자기 백성을 위해 일하시는 하나님의 성품을 온전히 반영할 것이다.

경제적 어려움 속에서 드러난 신실함 (룻 1-2장)

구약 역사서(여호수아에서 에스더까지) 중에서도 룻기는 우리가 주님을 위해 일할 때 신실함, 청지기 의식, 긍휼이 얼마나 중요한지를 두 가지 관점에서 보여 준다. 룻 이야기는 농사에 의존하는 사회에 기근이 닥친 절박한 시기를 배경으로 한다(룻 1:1). 게다가 룻은 가부장 사회에서 남편이나 시아버지 없이 살아야 했고(룻 1:3-5) 그 땅에서 외국인으로서 자기 자신과 시어머니의 생계를 책임져야 했다(룻 1:22).

　룻의 발밑을 받쳐 주던 안전망이 무너진 상태다. 오늘날 길거리 한 구석에서 "일자리 구함, 도와 주세요"라고 적힌 피켓을 들고 서 있는 사람들과 흡사한 형편이었다. 룻은 인생의 아주 힘든 시기를 지나고 있었지만, 경제적 시련과 개인적 어려움을 겪는 동안에도 신실함을 잃지 않았고, 주님이 그것을 복으로 바꿔 주셨다. 룻이 보여 준 신실함의 첫 단계는, 일할 기회가 생겼을 때 적극적으로 그 기회를 잡는 것이었다(룻 2:1-2). 기회가 주어졌을 때, 룻은 일터에서 신실하게 일했고 기회를 최대한 선용했다(룻 2:7).

룻과 나오미의 필요가 채워진 것은 룻의 신실함 때문만이 아니었다. 룻의 신실함이 결실을 맺은 것의 또다른 축은 보아스가 자기 소유를 가지고 하나님과 이웃을 사랑하기로 했기 때문이었다. 보아스는 이삭 줍기 관례(레 19:9-10)를 염두에 두고, 자신의 소유물에 대해 이웃을 위해 신중하게 청지기 의식을 발휘했다. 하나님의 율법은 이방인들과 가난한 이들을 사랑하라고 명하며, 이는 이들을 향하신 하나님의 사랑을 반영하는 조치다. 보아스는 룻을 불러 자기 밭에서 이삭을 주워 가라고 함으로써 율법의 이 명령을 실천했다(룻 2:8-9, 15-16). 게다가 보아스는 레위기 19장의 명령에서 한 걸음 더 나아가 연약한 룻을 보호했고(룻 2:8-9), 룻의 한결 같은 태도를 귀히 여겼으며(룻 2:10-11), 은혜의 방편 역할을 자청함으로 룻의 궁극적 공급자이신 하나님을 드러냈다(룻 2:11-13).

우리는 청지기 직분 하면 흔히 돈이나 물질적 자원을 떠올린다. 하지만 이 이야기에서 보아스는 비물질적 자원, 이를테면 자신의 권세와 영향력 같은 것에 대해서도 탁월한 청지기 의식을 발휘한다. 권세자 위치에 오른 사람들은 그 자리를 오용하다 부정적 이미지를 얻기 쉽다.

이런 역학관계의 필수 요소를 더 잘 이해하기 위해서는 권력과 그 영향력에 대해 신중할 필요가 있다.

보아스는 땅만 소유한 것이 아니었다. 일꾼, 농작물을 처분할 권한, 그리고 상당한 재산까지 소유했다. 사람은 누구나 보아스처럼 크든 작든 어느 정도의 권력을 가진다. 그러므로 모든 사람에겐 동일한 문제가 주어진다. 바로 하나님이 주신 영향력에 대해 어떻게 청지기로 최선을 다할 것이냐 하는 것이다. 기독교 신앙은 작디작은 권력이라도 타인을 위해 사용함으로써 하나님과 이웃을 사랑하라고 간곡히 말한다.

가난한 이들에게 긍휼을 베푸는 것은 기독교 메시지의 핵심이기도 하다. 어떤 식으로든 영향력을 가진 사람들로서 우리는 재정적으로 파산한 사람들이 다시 일어설 수 있도록 일조할 책임이 있다. 이 책 도입부에서 언급한 건강한 기독교 세계관을 구성하는 네 가지 관계를 기억해 보라. 바로 하나님, 타인, 자기 자신, 그리고 하나님의 피조 세계와의 관계다. 물질적 빈곤은 이 네 가지 관계 중 하나 이상이 불균형하게 뒤틀렸을 때 나타난다. 룻기에 묘사된 이삭 줍기 관례는 오늘날 우리에게 긍휼에 관한 하나의 본보기가 된다. 이러한 긍휼의 관례를 온전히 따를 때, 인생의 어려움에 처한 이들은 그리스도를 닮은 본을 만나게 되고, 새로운 관계를 형성하며, 노동의 가치를 인정받고, 향후 직업을 구할 때 필요한 기술을 습득할 기회를 얻는다.

현숙한 여인(잠 31장)

시가서(욥기부터 아가서까지)에도 일에 대한 훌륭한 가르침이 담겨 있다. 현숙한 여인에 대한 본문이 그것으로, 이는 앞에서 언급한 게으른 사람과 대조를 이룬다. 성경 지혜서의 일부인 잠언의 마지막 단락에서 현숙한 여인은 의인화된 지혜의 한 사례로 제시된다. 여기서 현숙한 여인은 복잡다단한 관계로 얽힌 삶의 여러 영역, 그 중에서도 특별히 마르틴 루터가 말하는 네 가지 소명 영역 중 세 가지, 즉 가정, 일터, 사회 영역에서 그 지혜의 탁월함을 발휘한다.

성경은 이 여인의 흠잡을 데 없는 지혜를 강조하기 위해 이 여인의 지혜로운 삶을 하나하나 22행시에 담아 냈다.[8] 그렇기에 이 여인의 본은 배우자감을 고르는 남성들이 참고해야 할 체크리스트 정도로 여겨선 안 된다. 비록 여성성과 어머니상이 두드러지긴 하지만, 현숙한 여인은 우리 시대의 남녀 모두가 본받아야 할 지혜로운 삶의 모습이다.

현숙한 여인은 우리의 사적인 삶뿐만 아니라 공적인 삶에서도 지혜가 어떤 모습으로 드러나는지 보여 준다. 여인의 남편은 아내를 절대적으로 신뢰한다(잠 31:11, 28). 이 시의 교차 대구법은 남편의 성공이 어떻게 아내의 성공에서 비롯되는지 보여 준다(31:23). 게다가 자녀들을 향한 여인의 보살핌에도 모자람이 없기에 자녀들은 아침에 일어나 여인에게 감사한다(31:28). 여인의 일관된 성품은 여인을 가장 잘 아는 사람들의 칭찬을 통해 빛을 발한다.

현숙한 여인은 손대는 모든 영역에서 지혜롭게 일한다. 성경은 여인이 아침 일찍 일어나 집안 사람들을 위해 식사를 준비한다고 말함으로써 여인이 가정에서 하는 일의 본질을 탐구한다(31:15). 혹독한 날씨가 닥치더라도 모든 가족에게 입힐 따뜻한 옷을 마련해 놓았으므로 여인은 염려하지 않는다(31:21-22). 여인이 이 모든 일을 해낼 수 있음은 게을리 얻은 양식을 먹지 않기 때문이다

(31:27).

　현숙한 여인의 부지런함은 집안에만 머무르지 않는다. 여인의 부지런한 태도는 집안 경제는 물론 집밖의 시장 경제에까지 활기를 불어넣는다(31:13-14). 여인은 부동산, 농사(31:16), 바느질(31:19)에 이르기까지 활발하게 사업을 벌이고, 거기다 장사 수완까지 갖추었다(31:18). 여인은 빈핍한 사람들을 돌봄으로써 궁극적으로 하나님과 이웃을 사랑하며(31:20) 타인의 유익을 위해 자신의 재능을 사용한다.

　잠언 전체의 메시지와 어울리게 이 현숙한 여인의 지혜는 하나님을 경외하는 것으로 시작한다(9:10, 31:30). 여인은 잠언이 멋지게 마무리되게 하며, 일터에서 어떻게 지혜를 발휘해야 하는지 우리 각 사람에게 실생활의 본을 보여 준다. 현숙한 여인의 중요성에 대해서는 4장에서 좀 더 살펴보도록 하겠다.

정의를 외치는 선지자(아모스)

개인에게 지혜를 전하는 지혜서와 대조적으로 선지서는 공동체로서 하나님의 백성들을 향해 지혜와 경고를 전한다. 아모스가 선지자로 활동하던 시대에는 일터에서의 불의가 만연했다. 아모스는 가난한 이들을 착취해 모은 돈으로 상인 계급이 상아로 장식된 겨울 궁과 여름 궁을 누리며 사는 혼돈의 시대상을 그린다(암 3:15).

과중한 곡물세(5:11), 사법 체계의 부패(5:12), 정확하지 않은 저울을 써서 가격을 왜곡하는 행태(8:5), 그리고 하나님의 마음을 슬프게 하는 다른 문제들 탓에 압제받는 이들에게 정의가 시행되지 않았다고 아모스는 한탄한다. 선지자 아모스는 이스라엘이 언약을 어겼으며 그 때문에 심판이 임할 것임을 경고했다.

상인 계급의 불의를 개혁하려는 시도로 아모스는 창조주를 자주 언급하는데(4:13, 5:8, 9:6), 이는 그들의 행동이 그들이 사취하는 이웃에 대한 범죄일 뿐 아니라 하나님께 대한 범죄이기도 하다는 사실을 드러내기 위해서였다. 이들은 확실히 알아야 했다. 하나님이 피조 세계에 지혜와 공의를 새겨 놓으셨으며, 하나님의 뜻을 거스르는 삶은 압제자와 피압제자 모두에게 해가 된다는 것을 말이다.

이스라엘 백성들은 아주 교활해져서 가난한 사람들을

속이듯 하나님을 속이려 했다. 상인들은 예배라는 신령한 행위를 통해 자신들에게 복을 내려 달라고 하나님께 간청하면서도 그 신령한 행위에 담긴 공적, 사회적 의미는 무시했다. 하나님은 이들의 모임에서 아무런 기쁨을 못 느낀다고 한탄하셨다(5:21). 하나님은 이들의 소제를 받지 않으셨다(5:22). 이들의 희생 제물을 돌아보지 않으셨고(5:22), 이들의 노래를 듣지 않으셨다(5:23). 대신 하나님은 정의를 물같이, 공의를 마르지 않는 강같이 흐르게 하라고 말씀하신다(5:24).

경제가 호황인 시대에도 불의는 존재한다. 불의를 향한 하나님의 단호한 경고의 말씀은 부유하거나 힘 있는 사람들에게 특히 주지하는 바가 크다. 어느 회사에서든 관리자와 간부로 일하는 이들은 자기가 관리하는 직원들의 희생을 발판 삼아 자기 이익을 도모하고픈 유혹을 받는다. 그 회사가 만일 기독교 신앙을 배경으로 하는 곳이라면 더욱 큰 문제다. 아모스는 자기보다 직급이 낮은 사람을 착취하는 것은 그저 시장 경제 원리에 충실한 게 아니며 죄라는 점을 분명히 한다.

선지서에는 이웃 사랑이라는 메시지도 깔려 있다. 예

레미야 29:7은 자신이 살고 있는 지역 사회(공동체)에서 복의 통로가 되기를 바라는 이들을 위한 주제 성구다. 이 구절의 의미는 "성읍의 평안 추구"를 넘어 하나님의 백성이 유배 생활을 하고 있는 현실로까지 확장된다. 유배 생활 중에 있는 이스라엘에게는 율법에 제시된 덕목들을 입증하되 같은 이스라엘 사람뿐 아니라 그들이 거주하는 지역 모든 사람에게 입증하라는 명령이 주어졌다. 공공의 광장에서 이스라엘이 보이는 행동은 이들이 섬기는 하나님을 반영하는 것이어야 했다.

결론

구약성경의 각 장르는 일에 관한 성경의 가르침에 저마다 기여한다. 바라기는, 우리의 아이들이 홍해를 건넌 이야기, 다윗이 골리앗을 무찌른 이야기, 요나와 고래 이야기 같은 기적에 대해서만 읽지 말고 청지기 의식, 정의, 일터에서 신실하기 같은 이야기도 읽으며 자랐으면 한다. 아이들은 나중에 저마다 어떤 형태로든 일을 하게 되어 있다. 그러므로 우리는 그들이 하나님을 기쁘시게 하는 방식으로 일하는 법을 연습하도록 도와야 한다.

적용을 위한 질문

- 당신은 일과 쉼의 원리를 얼마나 충실하게 적용하며 살아가는가?

- 하나님이 당신에게 선물로 주신 재능과 은사를 자신만을 위해 사용한 적이 있는가?

- 하나님은 어떤 영역에서 당신에게 권한과 영향력을 주셨는가? 그 권한과 영향력을 타인을 위해 선용하는 자신만의 방법은 무엇인가?

추천 도서

Bartholomew, Craig G., and Ryan P. O'Dowd. *Old Testament Wisdom Literature: A Theological Introduction*. Downers Grove, IL: InterVarsity Press, 2011.

Piper, John. *Don't Waste Your Life*. Wheaton, IL: Crossway, 2003. 『삶을 허비하지 말라』(생명의말씀사).

Vos, Geerhardus. *Biblical Theology: Old and New Testaments*. Edinburgh: The Banner of Truth Trust, 1975. 『성경신학』(게하더스 보스).

Wolters, Albert. *Creation Regained: Biblical Basics for a Reformational Worldview*. Grand Rapids: Eerdmans, 2005.『창조 타락 구속』(IVP).

3. 신약성경이 말하는 일

감히 말하건대 나사렛 목공소에서는 다리가 휘어진 탁자나 뻑뻑한 서랍 같은 것은 나오지 않았을 것이다. 만약 그런 일이 일어났다면, 누구도 그것이 하늘과 땅을 만드신 그 손으로 만든 물건이라고 믿을 수 없었을 것이다. 일꾼이 아무리 경건하다 하더라도 일 자체에서 진실하지 못한 것을 상쇄할 수는 없다. 무슨 일이든 그에 준하는 솜씨가 누락돼 있다면 그 자체로 살아 있는 거짓이기 때문이다.[1]
도로시 세이어즈, "왜 일하는가?"

신약성경은 일에 관해 뭐라고 말하는가? 신약성경은 '일'(work)과 '행위'(works)라는 표현을 사용한다.[2] '행위'라는 표현은 (이신칭의를 굳게 붙들고 있는) 선량한 개신교도의 신학 감지기에 경고음이 울리게 만든다. 사실 그래야 정상이다. 교회 역사 전반에 걸쳐 사람들은 믿음과 행위의 관계를 놓고 지난한 논쟁을 벌여 왔다. 이 책에서 우리의 목표는 '믿음과 행위' 논쟁을 다시 일으키는 게 아니라, '일과 행위'에 대한 논의를 좀 더 심도 있게 해 보자는 데 있다.

'사명'(mission)과 '선교'(missions)라는 단어를 생각해 보라. 기독교 진영에서 '선교'라고 하면 흔히 국내로든 해외로든 특정 집단의 사람들을 찾아가 복음을 전하는 데 헌신하는 것을 떠올린다. 선교는 가가호호 방문하거나 길거리에 서서 복음을 전하는 방식으로 할 때도 있고, 봉사 프로그램과 연계될 때도 있다.

반면 '사명'이라는 말은 선교와 연관 있으면서도 다른 무언가를 암시한다. 사명은 선교보다 더 큰 개념이다. 그리스도인에게 사명은 선교 여행을 가는 것보다 더 광범위한 인생의 목적 및 방향과 연결된다.

'일'과 '행위'의 관계도 이와 유사하다. '일'은 우리가 하나님의 피조 세계로 행하는 모든 것을 아우르는 광의의 개념이다. '행위'는 신약성경에서 놓칠 수 없는 개념이지만, 그리스도인의 구원의 본질에 관한 역사적, 신학적 논쟁의 당사자 정도로 밀려나는 경향이 있다. 신약성경에서 '일'은 두 손을 움직여 직접 하는 물리적인 일을 뜻하는 경향이 있는 반면, '행위'는 흔히 영적 의미를 내포한다. 하지만 '일'을 뜻하는 그리스어와 '행위'를 뜻하는 그리스어는 대개 동일하며, 이를 통해 우리의 육체적 수고와 영적 수고가 긴밀히 얽혀 있음을 알 수 있다.

더 나아가 행위와 믿음의 관계를 이해하는 것도 중요하다. 이를 위해서는 에베소서 2:8-10에 기록된 바울의 가르침이 도움이 된다.

> 너희는 그 은혜에 의하여 믿음으로 말미암아 구원을 받았으니 이것은 너희에게서 난 것이 아니요 하나님의 선물이라 행위(works)에서 난 것이 아니니 이는 누구든지 자랑하지 못하게 함이라 우리는 그가 만드신 바라 그리스도 예수 안에서 선한 일(works)을 위하여 지으심을 받은 자니 이 일은 하나님이 전에 예비하사 우리로 그 가운데서 행하게 하려 하심이니라.

이 구절을 읽고 바울이 믿음 편이라고, 혹은 행위 편이라고 말할 수 있겠는가? 바울에게 이는 이것이냐 저것이냐의 문제가 아니라 이것과 저것 모두의 문제였음이 분명하다. 즉, 믿음이냐 행위냐가 아니라 믿음과 행위인 것이다. 좀 더 엄밀히 말해, 먼저는 믿음의 문제이고 그 다음이 행위의 문제다.

우리는 믿음과 행위 두 가지를 다 강조할 수 있도록, 그리고 믿음이 먼저이고 그 다음이 행위임을 강조할 수 있도록 주의해야 한다. 이 모든 내용은 그리스도인의 삶에서 일이 어떤 의미인지 이해하는 데 결정적이다.

일과 예수님

그리스도로 알려지기 전 예수님은 목수로 알려져 있었다. 이 사실의 의미를 생각해 보라. 성경은 목수로서 예수님의 삶에 관해 거의 아무것도 알려 주지 않지만, 그럼에도 이 시절은 예수님이 이땅에서 많은 시간 어떤 분으로 사셨는지 보여 주는 중요한 부분이다. 목수 예수님에 관해서는 적어도 세 가지 사실에 주목해 보자.

첫째, 예수님이 경험하신 삶은 오늘날 육체노동자들의 삶과 다를 바 없었다. 예수님은 1세기 나사렛의 대다수 평민들에게 공감하실 수 있었다. 예수님은 시간 맞춰 출근하는 게 어떤 것인지, 손바닥에서 가시를 뽑아내고 상처에 앉은 딱지를 조심히 다루는 게 어떤 것인지 알고 계셨다. 예수님은 날마다 고된 노동을 하며 고객에게 상품과 서비스를 제공하고 품질과 효율성 사이에서 균형을 맞추는 것이 어떤 것인지 이해하셨다.

예수님이 만드신 탁자를 상상해 본 적이 있는가? 그 탁자는 얼마나 아름답고 얼마나 반듯하며 기능은 또 얼마나 완벽했겠는가! 그 탁자에서 흠결을 몇 개나 찾아낼 수 있을 것 같은가? 거의 말도 안 되는 질문 같지 않은가? 위에서 인용한 글, "왜 일하는가?"에서 도로시 세이어즈는 바로 이러한 생각의 흐름을 따라간다. 이 글에서 도로시 세이어즈는 기독교가 우리의 일에 관해 뭐라고 말하는지 다음과 같이 고찰한다.

그런데 이것이 놀라운가? 인생의 9/10를 차지하는 문제에 아무 관심이 없어 보이는 종교에 어떻게 흥미를 가질 수 있겠는가? 교회가 영리한 목수에게 전하는 권면은 대개 술 취하지 말고 여가 시간을 무질서하게 보내지 말며 주일에 교회에 나오라는 식에 그친다. 그러나 교회는 그 사람에게 이렇게 말해 주어야 한다. 기독교 신앙이 그대에게 가장 먼저 요구하는 것은 훌륭한 탁자를 만드는 것이라고 말이다.

교회, 아무렴 좋고말고. 품위 있는 여가 시간, 물론 좋다. 하지만 자기 삶과 직업의 최중심에서 조악한 목공술로 하나님을 모욕한다면 그 모든 게 다 무슨 소용인가? 감히 말하건대 나사렛 목공소에서는 다리가 휘어진 탁자나 뻑뻑한 서랍 같은 것은 나오지 않았을 것이다. 만약 그런 일이 일어났다면, 누구도 그것이 하늘과 땅을 만드신 그 손으로 만든 물건이라고 믿을 수 없었을 것이다. 일꾼이 아무리 경건하다 하더라도 일 자체에서 진실하지 못한 것을 상쇄할 수는 없다. 무슨 일이든 그에 준하는 솜씨가 누락돼 있다면 그 자체로 살아 있는 거짓에 불과하기 때문이다.[3]

세이어즈의 조언은 오늘날 그리스도인 노동자들의 뇌리에서 사라지지 말아야 한다. 목수든 택시 기사든 식당을 운영하든 우리는 자기 일에 진실해야 한다. 우리가 무슨 일을 하든 그 자체로 (하나님 나라가 이미 이 땅에 임했고 하나님은 만물을 새롭게 하기 위해 자기 백성을 통해 일하고 계시다는) 진리에 부합해야 한다는 것이다.

둘째, 예수님은 우리와 똑같이 피와 살을 지닌 분으로

오셨다. 뻔하게 들리는 이 사실을 굳이 별도로 언급하는 것은 현실에서 영적 차원만이 중요한 것처럼 사는 그리스도인들이 많기 때문이다. 물론 성경은 하나님의 세상에 영적인 측면이 있다고 가르친다. 예를 들어 인간의 영혼이 바로 그렇다. 하지만 성경 어디에서도 영적 측면이 물질적인 측면보다 우월하다고 가르치지 않는다. 영적 측면과 물질적 측면 둘 다 동등하게 피조 세계에 없어서는 안 되며, 다만 기능이 다를 뿐이다. (목수라는 직업은 말할 것도 없이) 예수님이 몸을 입고 태어나 살고 죽고 부활하신 것 자체가 영적 세계와 적절한 관계를 맺는 물리적 세계의 중요성을 증명한다.

이 점에 비춰 볼 때, 그리스도인들은 영적인 일을 물질적인 일보다 무조건 우선시하지 않도록 신중해야 한다. 예를 들어 선교 현장에서 흔히 이런 일이 발생한다. 복음 증거로 선교를 마무리할 때 그 복음을 듣고 한 영혼이 구원을 얻는다면 그것으로 가장 중요한 일이 마무리됐다고 생각하는 것이다. 그렇지 않다. 복음을 듣고 한 영혼이 구원을 얻는다면 그게 끝이 아니라 시작이다. 그 사람에게 구원이란 "육신이 되어 우리 가운데 거하시"는(요 1:14)

구주와의 동행의 시작일 뿐임을 인식할 필요가 있다. 더 나아가 그리스도인으로서의 훈련을 '영적' 훈련에 한정하면 하나님의 세상인 동산을 지키고 경작할 기회(사실은 책임)를 소홀히 할 위험이 있다. 물질 영역을 소홀히 하다 보면, 피조 세계의 물질적 측면이 이제 더는 선하지 않고 어쩌면 하나님의 소유가 아니라는 식의 거짓말을 강화할 우려까지 생긴다. 우리가 "땅을 기업으로"(마 5:5) 받을 "온유한" 사람들이라면 생각이 달라야 하지 않겠는가?

셋째, 예수님은 일과 일꾼에 대해 자주 말씀하셨고, 일과 일꾼은 예수님의 가르침, 특히 비유 이야기에서 중심을 차지한다. 육체노동자로서의 경험이 있으셨기에 예수님은 당시 종교 지도자들이 그랬던 것처럼 높고 편한 특권자의 자리에 앉아 사람들을 내려다보며 말씀하시기보다 그들과 같은 자리에서 체휼하실 수 있었다. 물론 서민 중에도 예수님의 가르침과 권위에 저항한 이들이 있었다. 예수님이 말씀하셨다시피 고향에서는 선지자 노릇을 하기 어렵다. 그럼에도 일과 일꾼은 늘 예수님의 생각의 중심에 자리하고 있었기에 예수님의 가르침에 자주 등장했다.

복음서와 사도행전이 말하는 일

'에르곤'(ergon)이라는 단어(와 그 어군)는 영어 신약성경에서 '일'(work)로 번역되는 헬라어 단어다. 이 단어는 신약성경에 200번 넘게 등장하며 "일", "임무", "행동에 나섬", (농사, 경작, 직조 같은) "생산 일", "일의 최종 산물" 등을 포함해 다양하게 번역된다.

또한 에르곤은 선한 행위와 악한 행위의 대비 관계에도 사용되며, 이는 앞서 언급한 "일"과 "행위" 논의와도 연결된다. 예를 들어 마태복음 23:2-4에서 예수님은 제자들에게 서기관과 바리새인이 "말하는 바는 행하고 지키되 '그들이 하는 행위'(works they do)"는 본받지 말라고 말씀하신다. 그들은 말만 하고 행하지 않으면서 사람들에게 무거운 짐을 지우기 때문이다. 누가복음 13:26-27에서 예수님은 이렇게 말씀하신다. "그 때에 너희가 말하되 우리는 주 앞에서 먹고 마셨으며 주는 또한 우리를 길거리에서 가르치셨나이다 하나 그가 너희에게 말하여 이르되 나는 너희가 어디에서 왔는지 알지 못하노라 행악하는 모든 자들아(workers of evil) 나를 떠나가라."

복음서에 기록된 마흔 개가 넘는 예수님의 비유 중 일

꾼과 그들의 일에 대한 비유는 적어도 스무 개가 넘는다. 예를 들자면 다음과 같다.

- 씨 뿌리는 사람 비유(마 13:1-9)
- 달란트 비유(마 25:14-30)
- 탕자 비유(눅 15:11-32)
- 포도원 품꾼 비유(마 20:1-16)
- 집 짓는 사람 비유(마 7:24-27)
- 주인을 기다리는 종 비유(눅 12:35-48)

일꾼과 일이 예수님의 비유의 절반을 차지한다면, 이는 오늘날 교회의 가르침과 설교에 어떤 영향을 주어야 하는가? 당연한 말이지만, 이 주제는 단순히 예수님의 비유를 넘어 예수님의 가르침과 명령에서도 중요한 부분을 차지한다. 요한복음 4-6장과 17장에 기록된 예수님의 가르침, 그리고 누가복음 12:35-48에 나오는 주인을 기다리는 종의 비유를 일꾼과 일이라는 주제에 초점을 맞춰 살펴보기로 하자.

요한복음에서 일에 관한 첫 언급은 4:34에 나온다. 제자들이 음식 드시기를 권하자 예수님은 이렇게 대답하셨다. "나의 양식은 나를 보내신 이의 뜻을 행하며 그의 일(에르곤)을 온전히 이루는 이것이니라." 가버나움에서 내려온 왕의 신하의 아들과 베데스다 못가에 누운 병자를 고쳐 주시는 두 번의 장면이 있은 후에도 예수님은 "내 아버지께서 이제까지 일하시니 나도 일한다"(5:17)고 하시며 이 주제를 또다시 언급하신다.

요한복음 6장은 예수님이 오천 명을 먹이신 일로 시작해 갈릴리 바다 위를 걸으시는 장면으로 이어진다. 6:22에서 시작되는 또다른 장면에서 예수님은 사람들이 찾는 양식과 일이 그 본질상 매우 긴밀히 연결돼 있음을 말씀하시면서, 자신이야말로 생명의 양식이라는 선언으로 우리의 시선을 사로잡는다. 예수님은 6:26-35에서 이렇게 말씀하신다.

내가 진실로 진실로 너희에게 이르노니 너희가 나를 찾는 것은 표적을 본 까닭이 아니요 떡을 먹고 배부른 까닭이로다 썩을 양식을 위하여 일하지 말고 영생하도록 있는 양식을 위하여 하라 이 양식은 인자가 너희에게 주리니 인자는 아버지 하나님께서 인치신 자니라 그들이 묻되 우리가 어떻게 하여야 하나님의 일을 하오리이까 예수께서 대답하여 이르시되 하나님께서 보내신 이를 믿는 것이 하나님의 일이니라 하시니 … 내가 진실로 진실로 너희에게 이르노니 모세가 너희에게 하늘로부터 떡을 준 것이 아니라 내 아버지께서 너희에게 하늘로부터 참 떡을 주시나니 하나님의 떡은 하늘에서 내려 세상에 생명을 주는 것이니라 그들이 이르되 주여 이 떡을 항상 우리에게 주소서 예수께서 이르시되 나는 생명의 떡이니 내게 오는 자는 결코 주리지 아니할 터이요 나를 믿는 자는 영원히 목마르지 아니하리라.

먼저 예수님은 썩어 없어질 '양식'이 아니라 영생을 주는 '양식'을 위해 일하라고 무리들에게 말씀하시는데, 이는 4:34에 기록된 말씀과 맥을 같이한다. 어떻게 해야 "하나님의 일"을 할 수 있는지 명료하게 알려 달라고 사람들이 묻자 예수님은 "하나님께서 보내신 이를 '믿는 것'이 하나님의 일이니라"고 단언하신다(6:29). 그리고 마침내 예수님은 일과 믿음과 양식 사이에 강력한 상관관계가 있음을 보여 주신다. 즉, 예수님이 바로 생명의 양식이라는 것이다. 뿐만 아니라 하늘에서 내려온 생명의 양식으로서 예수님의 일은 세상에 생명을 주시는 것이다.

요한복음 6장에서 드러나는 일과 믿음과 양식 사이의 깊고도 신비로운 관계는 수 세기 동안 신학자들의 관심을 끌었다. 그럼에도 여기서 우리의 목표는 요한복음 6장의 수수께끼를 푸는 것이 아니라(물론 이것도 중요하지만), 예수님의 일과 우리의 일 사이에 중요한 병행 관계가 있음을 주목하는 것이다.

우리의 일, 곧 하나님께서 보내신 성자 예수님을 믿는 것이 어떻게 세상에 생명을 주시는 하나님의 일과 연결될 수 있는가? 위의 본문에서 우리는 신자들이 행해야 할 세 가지 임무가 있음을 알게 된다. (1) 썩어 없어질 양식이 아니라 영생을 주는 양식을 위해 일하기 (2) 예수님은 하나님이 보내신 아들이라는 믿음으로 일하기 (3) 생명의 양식이신 그리스도를 먹고 마시는 것을 우리 일에 대한 상급으로 받기, 이렇게 세 가지다. 충만한 믿음 가운데 일함으로 비롯되는 참된 양식과 참된 음료를 함께 먹고 마실 때 우리에게는 영생이 주어진다(6:53-56).

그렇다면 우리는 세상에 생명을 주는 일에서 실제로 예수님과 함께 하고 있는가? 요한복음 17장에 기록된 예수님의 기도가 이 질문에 대답하는 데 도움을 준다. 예수님은 17:4-5에서 일이라는 주제로 다시 돌아가 이렇게 말씀하신다. "아버지께서 내게 하라고 주신 일을 내가 이루어 아버지를 이 세상에서 영화롭게 하였사오니 아버지여 창세 전에 내가 아버지와 함께 가졌던 영화로써 지금도 아버지와 함께 나를 영화롭게 하옵소서." 이어서 17:6에서 예수님은 하나님을 믿고 따르는 사람들에게로 시선을 돌리신다. 이어지는 아름다운 말씀을 보면, 예수님은 제자들이 세상에서 자신의 일을 계속 이어 나가도록 기도로 위임하신다.

예수님은 특별히 두 가지를 위해 보호를 요청하신다. 우리는 당연히 예수님이 자기 백성의 육신의 안위를 위해 간구하셨으리라고 예상하지만 그렇지 않다. 실제로 예수님은 세상이 자신에게 그러했듯 응당 제자들을 미워하리란 것을 분명히 하신다(17:14). 예수님은 하나님이 자신에게 주신 사람들이 다만 악에 빠지지 않게 보전하

시기를, 그리고 그들이 하나가 되게 하시기를 기도하신
다. "거룩하신 아버지여 내게 주신 아버지의 이름으로 그
들을 보전하사 우리와 같이 그들도 하나가 되게 하옵소
서"(17:11).

요한복음 17:20-21은 우리의 논점을 마무리한다. 여
기서 예수님은 하나님의 일을 (아버지께서 자신에게 주신 사
람들 곧) 제자들에게로 효과적으로 넘겨 주신다. 이 역시
기도를 통해 이루어진다.

> 내가 비옵는 것은 이 사람들만 위함이 아니요 또 그들의 말
> 로 말미암아 나를 믿는 사람들도 위함이니 아버지여, 아버
> 지께서 내 안에, 내가 아버지 안에 있는 것 같이 그들도 다
> 하나가 되어 우리 안에 있게 하사 세상으로 아버지께서 나
> 를 보내신 것을 믿게 하옵소서.

이제 요한복음 16:7에 약속된 보혜사 성령의 도우심으
로 아들을 믿는 사람들, 즉 영원한 양식을 위해 수고하고
참된 양식과 참된 음료를 먹고 마시는 사람들은 세상에
생명을 주는 일에서 예수님과 함께 한다. 그리고 예수님

이 곧 생명이시다. 이처럼 우리가 (물리적인 일이든 영적인 일이든) 그 모든 일을 아들을 믿는 믿음으로 행하고, 예수님의 참된 살과 피를 먹고 마시며, 하나님과 이웃을 향해 우리의 하나 된 사랑을 실천할 때, 우리는 세상의 빛으로서 세상에 생명을 주게 된다.

누가복음 12:35-48: 하나님 나라의 신실함, 청지기 의식, 책임감

주인을 기다리는 종 비유는 세 부류의 등장인물과 두 가지 주제를 중심으로 전개된다. 등장인물은 집의 주인(예수님), 청지기, 그리고 종들이며, 주제는 준비된 자세와 복이다. 또한 이 비유는 이것이 누구를 향한 말씀인지 묻는 베드로의 질문을 기준으로 두 부분으로 나뉜다.

전반부에서 예수님은 "준비하고 있으라!"는 명령으로 말씀을 시작하신다.[4] 이는 주인이 돌아올 때를 준비하고 있으라는 뜻이다. "주인이 와서 깨어 있는 것을 보면 그 종들은 복이 있으리로다"(12:37). 주인은 밤이든 낮이든 어느 때라도 돌아올 수 있다. 그러니 준비하고 있으라! 이는 자신이 곧 떠났다가 돌아올 것에 대해 예수님이 누가복음에서 처음 암시하신 대목이기도 하다. 예수님은 제자들이 하나님 나라에 대한 책임감의 무게를 실감하기를 바라신다. 바로 몇 절 앞에서 예수님은 바로 이 하나님 나라를 구하라고, 이 하나님 나라를 얻기 위해 모든 것을 팔라고 촉구하기도 하셨다. 그렇기에 비유 전반부의 요점은 깨어 있으라는 것이다. 준비된 자들에게는 복이 있을 것이다.[5]

누가복음 12:41에서 베드로가 불쑥 끼어든다. "주께서 이 비유를 우리에게 하심이니이까 모든 사람에게 하심이니이까." 예수님은 후반부에서 이에 대답하시면서 비유를 보다 구체적으로 설명하신다. 이제 비유는 신실한 청지기가 되어 주인이 맡긴 일을 잘 감당하는 종과 게으름과 주인에 대한 무시 행위로 결국 엄한 벌을 받는 신실하지 못한 종을 중심으로 전개된다. 둘의 차이점은 주인이 없는 동안 집을 맡게 된 각자의 관리 방식에서 드러나지만, 예수님은 이들의 동기에 더 관심을 두신다.

12:45-46에서 예수님은 이렇게 말씀하신다.

만일 그 종이 마음에 생각하기를 주인이 더디 오리라 하여 남녀 종들을 때리며 먹고 마시고 취하게 되면 생각하지 않은 날 알지 못하는 시각에 그 종의 주인이 이르러 엄히 때리고 신실하지 아니한 자의 받는 벌에 처하리니.

여기서 예수님은 청지기를 가리켜 집안의 다른 종들과 구분하지 않고 계속 "종"이라는 표현을 사용하신다. 어쩌면 이는 청지기가 스스로를 대단한 존재로 여겨서는 안 된다는 암시적인 가르침일지 모른다. 그럼에도 불구하고 신실하지 못한 청지기는 집 주인이 "더디 오리라"고 주제넘게 판단한다. 급할 것이 없다고 여긴 나머지 다른 종들을 때리고 주인의 것을 함부로 먹고 마시고 취하면서 권한을 남용하다가 생각지 못한 날 알지 못한 시각에 돌아온 주인과 마주친다. 게으르고 신실하지 못했던 청지기는 주인에게 매를 맞고 엄한 벌에 처해진다.

반면 신실한 청지기는 주인이 맡기고 떠난 집을 지혜롭고 세심하게 돌본다.[6] 때를 따라 종들에게 양식을 나누어 주고 시종 부지런히 자신의 본분을 다한다. 또한 주인이 언제든 돌아올 수 있다고 생각하며 늘 준비된 채로 일한다. 집에 돌아온 주인은 지혜롭게 일하는 청지기와 잘 관리된 집을 보고 상급으로 "모든 소유를 그에게 맡"(12:44)긴다.

일에 관한 기독교의 관점에서 우리는 이 본문으로부터 두 가지 교훈을 얻어야 한다. 첫째, 예수님은 온종일 지혜롭게 일하는 청지기의 신실한 모습에 주목하셨다는 사실이다. 이 비유에서 예수님은 청지기가 보여 준 일의 기술과 탁월함보다는 신실함과 지혜로움에 대해 칭찬하신다. 우리가 스스로를 종으로 여기든 청지기로 여기든 관계없이 우리의 주인 되시는 분은 우리 모두 각자 맡은 바에 대해 신실하고 지혜롭기를 기대하신다. 안이한 생각으로 게으르게 행동하거나 주인이 돌아왔을 때 부끄럽지 않아야 하는 것이다.

둘째, 우리가 가진 모든 것이 주인의 소유임을 잊지 말아야 한다. 우리의 일터도 예외가 아니다. 바울은 고린도전서 4:7에서 다음과 같이 질문하며 우리에게 이 점을 상기시킨다. "네게 있는 것 중에 받지 아니한 것이 무엇이냐." 물질적인 것이든 비물질적인 것이든 다 포함이다. 예를 들어 내 책상, 컴퓨터, 책, 커피 잔 등 일할 때 없어서는 안 될 모든 것(특히 커피 잔)이 다 주님께 받은 것이다. 더 나아가 내 시간, 에너지, 동료들과의 관계, 영적 은

사 역시 주님께 받은 것이다. 눈에 보이는 물질적인 것, 보이지 않는 무형의 것 모두 주님의 소유다. 주님이 이것들을 우리에게 맡기신 까닭은 우리가 신실하고 지혜롭게 청지기로 일할 것을 기대하셨기 때문이다.

아브라함 카이퍼가 한 다음의 말은 참으로 옳다. "우리가 점유하는 삶의 모든 곳마다 그리스도가 '나의 소유다!'라고 주장하지 못하실 영역은 한 뼘도 없습니다."[7] 카이퍼의 말은 그리스도의 주권이 피조 세계 전체에 미친다는 사실을 상기시킨다. 하지만 때로 우리는 이 진리가 우리의 시간과 에너지 같은 비물질적 영역에까지 미치도록 허락하지 않는다. 그렇기에 우리는 이 진리를 이렇게 해석해야 한다. 내 일정표에서 깨어 있는(심지어 쉬고 있는) 시간 동안 그리스도가 회의를 소집하지 못하실 순간은 단 일 초도 없다고 말이다.

여기서 던져야 할 궁극적인 질문은 주님의 소유를 가지고 내가 무엇을 하고 있냐는 것이다. 특히 일터에서 주께서 내게 주신 시간, 재능, 물자, 공간을 어떻게 관리하고 있는지 생각해 보라. 성실하고 지혜롭게 이것들을 다루고 있는가? 부주의하고 남을 시기하며 게으르지는 않은가? 직원들과 동료들을 대할 때 하나님의 형상을 지닌 존엄한 존재로 여겨 마땅히 존중하는가? 아니면 자신의 권한을 남용하고 동료를 험담하며 회사의 시간과 물자를 낭비하는가?

자신의 직업 가운데 하나님과 이웃을 향한 이중의 사랑이 어떻게 드러나고 있는지 생각해 보라. 주님은 신실한 이에게 복 주기를 열망하신다. 하지만 주님 보시기에 신실하지 않은 자들은 조심해야 한다. 무릇 많이 받은 자에게는 많이 요구할 것이기 때문이다(눅 12:48).

서신서와 요한계시록이 말하는 일

서신서와 계시록에서도 일은 여전히 중요한 주제다. (앞에서 논의했다시피) 특히 바울 서신에서는 일(work)과 행위(works)가 구별된다는 점을 유념할 필요가 있다. 바울에게 '잘못된' 일이란 하나님의 은혜를 얻기 위해 하는 일이다. '올바른' 일은 믿음의 열매이며, 믿음의 열매로서의 일은 영적인 방식으로든 물질적인 방식으로든 공히 하나님과 타인을 향한 사랑으로 드러난다.

일에 대한 바울의 관점을 알기 위해서는 디모데후서

3:16-17을 살펴보는 게 중요하다. 여기서 바울은 "모든 성경은 하나님의 감동으로 된 것으로 교훈과 책망과 바르게 함과 의로 교육하기에 유익하니 이는 하나님의 사람으로 온전하게 하며 모든 선한 일(에르곤)을 행할 능력을 갖추게 하려 함이라"고 말한다.

바울은 성경이 모든 종류의 노동을 위한 교육용 매뉴얼이라고 말하지 않는다. 실제로도 성경이 자동차 조립 작업에 도움이 되는 건 아니다. 성경은 하나님이 누구시며 그분의 세상이 어떻게 작동하는지에 관한 하나님의 말씀이다. 더 나아가 성경은 우리가 누구이며 하나님의 세상에서 어떻게 살아야 하는지 말해 준다. 그렇기에 성경이 조립 작업 매뉴얼은 아니더라도 하나님 나라가 여기 임했음을 선포하는 방식으로 자기 일을 감당하고자 하는 그리스도인 자동차 조립공에게는 분명 유익하다.

그리스도인은 의의 길을 걷도록 부름을 받는다. 이 길은 우리가 하는 일의 질, 우리가 하는 일의 시의적절성, 고객을 대하는 태도, 돈을 관리하는 방식에 이르기까지 폭넓게 아우른다. 이는 하나님 나라 백성으로 살아가는 모든 그리스도인의 소명에도 해당되는 사안이다.

바울의 가르침에 따르면, 우리는 그리스도와 연합함으로 새생명을 얻고 새로운 삶을 살게 되었다. 그리고 이는 당연히 우리의 일에까지 영향을 미친다. 바울이 에베소서 2:10에서 선한 행위(works)를 강조한 것도 그 때문이다. 그렇기에 바울에게는 게으름을 피울 여지가 없다. 우리가 믿음으로 하는 일은 "사랑의 수고"(살전 1:3)여야 하며, 이는 조용히 살며 자기 일에 전념하고 손으로 일하기를 힘쓰는 삶이어야 한다(살전 4:11). 우리는 사랑, 지혜, 지식을 다해 일함으로써(골 4장, 엡 4-5장, 살전 2장을 보라) 그리스도 안에서 우리의 부르심에 "합당하게 행하"(골 1:10)라는 바울의 교훈을 실천해야 한다. 그러려면 우리의 일은 하나님을 향한 사랑에서 지속적인 동력을 공급받아야 하며, 그럴 때 우리의 일은 하나님의 세상을 향한 사랑으로 표출되고 넘쳐흐르게 될 것이다.

히브리서 기자는 일하시는 우리의 하나님이 자기 아들을 통해 만물을 창조하셨으며, 이 아들은 "하나님의 영광의 광채"이자 "그 본체의 형상"이며 "그의 능력의 말씀으로 만물을 붙드시"(히 1:3)는 분이라고 선포한다. 더 나아가 이 아들은 만물의 상속자이며, 하나님은 이분으로 "말미암아 모든 세계를 지으셨"(히 1:2)다. 우리는 이 아들을 믿고 이 아들과 연합함으로 하나님의 가족이 되고 "서로 돌아보아 사랑과 선행을 격려하"(히 10:24)려는 동기를 얻게 된다.

야고보는 믿음과 일/행위의 관계를 더 명료히 함으로써 앞의 목소리에 볼륨을 더한다. 야고보서 2:18에서 야고보는 "어떤 사람은 말하기를 너는 믿음이 있고 나는 행함이 있으니 행함이 없는 네 믿음을 내게 보이라 나는 행함으로 내 믿음을 네게 보이리라"고 한다고 말한다. 얼핏 생각하면 야고보와 바울의 주장이 서로 충돌한다고 결론 내릴 수 있겠지만 안심하라. 두 사람은 충돌한 것이 아니다. 야고보와 바울 두 사람 모두 동일한 과녁을 겨냥하되 서로 다른 각도에서 겨냥하고 있을 뿐이다. 바울의 강조점은 믿음에서 시작해 행위로 옮겨가는 반면, 야고보는 그리스도인의 삶에 나타나는 열매로서 행위의 중요성을 강조한다. 그 열매가 믿음의 증거이기 때문이다. 야고보는 믿음이 먼저이고 행위가 그 다음이라는 입장을 깎아내리지 않는다. 그보다는 당시의 엄혹한 현실에 발을 딛고 선 초대교회 지로자로서 양무리를 향해 행하기는 많이 하고 말은 적게 할 것을 호소하고 있다.

베드로는 자신의 두 번째 편지에서 "그러나 주의 날이 도둑 같이 오리니 그 날에는 하늘이 큰 소리로 떠나가고 물질이 뜨거운 불에 풀어지고 땅과 그 중에 있는 모든 일(works)이 드러나리로다"(벧후 3:10)라고 말한다. 이 한 구절이 지난 세기 동안 그리스도인들에게 미친 영향은 실로 대단하다. 이 구절에 대해 많은 사람이 주의 날에 모든 피조 세계가 멸절되고 완전히 새로운 세계가 무에서(ex nihilo) 다시 창조될 것이라 해석했다.

먼저 우리는 하나님이 창조하신 모든 것을 보며 심히 좋다고, 즉 선하다고 하신(창 1:31) 사실을 기억해야 한다. 보이든 보이지 않든 존재하는 모든 것이 그리스도를 통해 하나님에 의해 창조되었으며(요 1:1-3, 히 1:1-3), 선하신 우리 하나님이 창조하신 것은 모두 본원적으로 선하다. 이는 엄청난 소식이다! 나쁜 소식은 죄가 하나님의 선한 세상에 큰 혼란을 일으켰다는 것이다. 하지만 하나님이 선하게 창조하신 것 자체를 죄가 나쁘게 만들지는 못한다. 그보다 죄는 기생충처럼 꿈틀거리면서 하나님의 선한 작품을 불의를 위해 오용하고 더럽힌다. 죄는 하나님이 하신 방식으로 새로운 무언가를 창조할 능력이 없다. 죄는 이미 존재하는 것을 더럽힐 뿐이다. 창세기에 이어지는 모든 성경은 하나님이 예수님의 죽음과 부활을 통해 만물을 새롭게 하는 일을 진행 중이시라고 가르친다. 이제 그리스도와 연합하고 성령으로 충만해진 우리는 "화목하게 하는 직분"(고후 5:18)을 위임받아 복음을 선포하게 되며, 그리스도 안에서 우리의 부르심에 합당하게 행할 능력을 부여받는다.

이는 베드로후서 3:10에 대한 해석에 어떤 영향을 미치는가? 첫째, 성경을 읽을 때는 성경 전체를 염두에 두어야 한다. 그렇게 해야 피조 세계 전체를 하나님의 선한 작품으로 보는 시각을 좀 더 선명하게 유지할 수 있기 때문이다. 하나님은 이 세상을 결코 버리지 않으셨다. 둘째, 성경의 다른 구절을 참고해 우리의 이해에 활기를 불어넣어야 한다. 예를 들어 고린도전서 3:9은 "우리는 하나님의 동역자들"일 뿐 아니라 "하나님의 집"이라고 가르친다. 하나님이 그리스도의 터 위에 집을 세우신다고 설명하고 나서 바울은 이렇게 주장한다.

만일 누구든지 금이나 은이나 보석이나 나무나 풀이나 짚으로 이 터 위에 세우면 각 사람의 공적(work)이 나타날 터인데 그 날이 공적을 밝히리니 이는 불로 나타내고 그 불이 각 사람의 공적(work)이 어떠한 것을 시험할 것임이라 만일 누구든지 그 위에 세운 공적(work)이 그대로 있으면 상을 받고 누구든지 그 공적(work)이 불타면 해를 받으리니 그러나 자신은 구원을 받되 불 가운데서 받은 것 같으리라(고전 3:12-15).

베드로후서 3장과 고린도전서 3장 모두 저마다 모호한 부분이 있지만, 몇 가지 결론을 내릴 수 있다. 첫째, 베드로후서 3장과 고린도전서 3장의 표현 모두 피조 세계가 "불로" 소멸되는 게 아니라 드러날 것이라고 말하는 것 같다. 달리 말해, 피조 세계가 멸절되기보다는 정화되거나 정련될 것으로 예측해야 한다는 것이다. 둘째, 이 드러남은 창세기 7-8장의 홍수 때 일어난 일과 비슷하다. 물론 이번에는 그때처럼 죄가 살아남지 못할 것이다. 그리스도로 인해 새 하늘과 새 땅에서 죄는 근절되고 죽음은 궤멸될 것이다. 셋째, 피조 세계가 불로 정화된 후에도 우리의 일은 여전히 남아 있을 것이다. 바울의 말은 흔히 영적인 일의 열매만을 가리키는 것으로 읽히지만, 완성된 하나님 나라에서 우리가 행하는 물리적인 일의 열매 또한 분명 남아 있게 될 것이다.[8]

학자인 내 친구가 언젠가 이런 말을 했다. "새 하늘과 새 땅에 이를 때 내가 가장 먼저 할 일은 도서관으로 달려가는 거라네." 이유를 묻자 친구는 장난기 가득한 표정으로 대답했다. "내가 쓴 책들이 잘 도착했는가 보려고." 이 친구가 잘난 체 우쭐대려고 한 말은 아니었다. 다만 친구는 자기가 힘써 저술한 책들도 금이나 은이나 보석만큼 가치가 있어서 그리스도의 영원한 나라에서 찾아볼 수 있기를 바랄 뿐이었다.

이것이 바로 요한계시록 21:24-26에서 의미하는 바가 아닌가 싶다. "만국이 그 빛 가운데로 다니고 땅의 왕들이 자기 영광을 가지고 그리로 들어가리라 … 사람들이 만국의 영광과 존귀를 가지고 그리로 들어가겠고." "만국의 영광과 존귀"가 무엇인지 확실히 알 순 없다. 다만 나라들에게 무슨 영광이 있기에 하나님의 영광의 빛 앞에 내놓는다는 것인지 궁금하지 않은가? 하나님 앞에 내놓을 만한 영광이 있다면 이는 믿음으로 행한 선한 일을 말하는 것일까? 그렇다면 그것은 영적인 것에만 국한될까, 아니면 물리적인 것도 포함할까?

이 질문에 확실히 답변할 수 없지만, 우리는 이 세상과 다가올 세상 사이에는 (완전한 단절이 아닌) 어떤 연속성이 있을 거라고 믿는다. 그 세상은 새로운 세상일까? 물론이다. 새롭지 않다면 새 하늘과 새 땅일 수 없다. 하지만 옛적부터 항상 계신 이를 비롯해 그곳에는 오래된 것들도 있을 것이다.

결론

우리가 내릴 수 있는 첫째 결론은, 신약성경 어디에서도 일을 비천한 이들이나 하는 것으로 경시하지 않는다는 것이다. 오히려 일은 인간됨의 기본 요소다. 계급 사회에서 육체노동은 하층민에게 맡겨지고 특권은 상류층이 누린다. 상류층은 타인의 노동으로 배를 불린다. 기독교의 노동관은 이 같은 질서를 전복시킨다. 바울이 주장하는 것처럼 "누구든지 일하기 싫어하거든 먹지도 말게"(살후 3:10) 해야 한다.

둘째, 우리는 신약성경에서 일의 삼위일체적 속성을

확인한다. 요한복음 4-6장과 에베소서 1-2장은 특히 하나님의 모든 일 가운데 드러나는 성부, 성자, 성령의 완전한 역할을 강조한다. 창조, 구원, 새 창조는 물론 그 너머에서도 오직 성자의 일하심과 성령의 능력 주심을 통해 만물은 성부 하나님의 영광으로 회복될 것이다.

마지막으로, 우리는 믿음과 일/행위 간에 신비롭고도 결정적인 관계가 있음을 인식한다. 우리는 구원과 관련해 "믿음이 먼저, 행위는 그 다음"이라는 관점을 주장했고, 우리가 거듭나는 순간은 물론 매일의 삶에서도 믿음과 행위 둘 모두 그리스도와의 관계를 이루는 근본 요소라고 말했다. 우리 믿음의 효력은 중생에서 끝나지 않는다. 우리와 그리스도와의 연합의 중심에는 여전히 우리의 믿음이 자리하고 있다. 그러므로 우리는 여전히 예수님에 대한 믿음 가운데 우리의 일을 감당하고, 세상에 생명을 주는 일에서도 예수님과 함께한다.

적용을 위한 질문

- 요한복음 6장과 17장이 말하는 하나님의 일은 당신

의 일과 어떻게 연결되는가?

- 당신이 그리스도께 순종하고 있음을 나타내는 방향으로 당신의 일정표를 관리해야 한다면 어떤 변화가 필요하겠는가?
- 하나님의 나라가 온전히 임할 것에 대한 확신은 당신이 일터에서 하는 사소한 일들에, 그것을 대하는 당신의 태도에 어떤 변화를 가져올 수 있는가?

추천 도서

Bauckham, Richard. *Bible and Mission: Christian Witness in a Postmodern World*. Grand Rapids: Baker Academic, 2003. 『성경과 선교』(새물결플러스).

Bratt, James D., ed. *Abraham Kuyper: A Centennial Reader*. Grand Rapids: Eerdmans, 1998.

Stevens, R. Paul. *Work Matters: Lessons from Scripture*. Grand Rapids: Eerdmans, 2012. 『일의 신학』(CUP).

Stevens, R. Paul. *The Other Six Days: Vocation, Work, and Ministry in Biblical Perspective*. Grand Rapids: Eerdmans, 2000.

4. 그리스도, 지혜, 일

지혜여, 정결케 된 마음의 가장 달콤한 빛이여! 안내자인 그대를 버리고 그대의 흔적만 남은 곳을 어슬렁거리는 자들, 그대를 사랑하기보다 그대의 손길이 닿았던 것들을 사랑하고 그대가 우리에게 무엇을 말하는지 망각한 자들에게 화 있을지어다. 그대는 그대가 누구이며 얼마나 위대한지 우리에게 말하기를 그치지 아니하며, 창조된 모든 것의 아름다움으로 우리에게 말하나니. 장인(匠人)도 자기 작품을 보는 이에게 그 작품의 아름다움으로 말하되, 사물의 겉모습에만 관심을 쏟지 말고 그 너머를 보고 그것을 만든 당사자를 애정으로 떠올리기를 바란다. 그러나 그대를 사랑하는 게 아니라 그대가 만든 것을 사랑하는 자들은 누군가 지혜롭고 유려하게 하는 말을 듣고 그 목소리의 매력과 말의 구조에 신경쓸 뿐 가장 중요한 것, 즉 그대가 하는 말의 참된 의미는 소홀히 하는 사람들과 같다.[1]
아우구스티누스, 『자유의지론』

나의 십대 시절, 아버지는 형과 나(벤저민)에게 이렇게 말씀하곤 하셨다. "지혜로운 사람이 되거라. 지혜로운 결정을 내려야 한다." 그럴 때면 종종 이런 생각이 들었다. '아버지 말씀이 무슨 뜻인지는 알겠어. 어리석게 행동하지 말라는 말씀이지. 그런데 지혜가 과연 뭘까? 또 지혜로운 결정과 지혜롭지 못한 결정을 나누는 기준은 뭘까?'

여러모로 부족한 청소년이었음에도 나는 사람들이 (특히 그리스도인들이) 지혜라는 개념에 무척 관심이 많으며 할 수만 있다면 지혜롭게 살고 싶어한다는 사실을 알게 되었다. 하지만 지혜란 무엇이고 그것이 우리 삶과, 특히 우리의 일과 어떤 관련이 있는가?

그리스도와 지혜

지혜에 대한 기독교적 관점에 토대가 되는 두 가지 진리가 있다. 첫째는 예수님이 "하나님의 지혜"(고전 1:24)라는 사실이며, 둘째는 그 지혜가 세상을 창조했다는 것이다 (잠 3:19-20, 8:22-36, 렘 10:12, 51:15). 이 사실에 비추어 우리는 세상을 창조하신 분이 예수님임을, 즉 영원하신 아들이자 하나님의 말씀이며 성육신하신 지혜임을 알 수 있다.[2] 하지만 "하나님의 지혜"가 세상을 창조했다는 사실이 왜 중요한가? 그 사실은 피조 세계를 바라보는 우리의 관점, 그리고 하나님의 세상에서 우리가 살아가는 방식에 어떤 영향을 미치는가?

먼저 우리는 이 세상이 하나님의 것임을 인정하는 데서 시작한다. 우리는 시편 기자와 한 목소리로 선언한다.

땅과 거기에 충만한 것과

세계와 그 가운데에 사는 자들은 다 여호와의 것이로다

여호와께서 그 터를 바다 위에 세우심이여

강들 위에 건설하셨도다(시 24:1-2).

하나님이 선하게 창조하신 것을 죄가 나쁘게 만들지 않았으며, 하나님이 만드신 것을 죄가 하나님에게서 훔쳐가지도 않았다. 피조 세계는 여전히 하나님의 소유이며, 하나님의 형상을 지닌 존재로서 우리는 여전히 하나님의 뜻을 따라 하나님의 세상에 대해 청지기로 살아야할 책임이 있다. 시편 기자는 또 이렇게 선언한다.

너희는 천지를 지으신

여호와께 복을 받는 자로다

하늘은 여호와의 하늘이라도

땅은 사람에게 주셨도다(시 115:15-16).

이렇게 우리는 하나님이 피조 세계의 왕이시고 그 피조 세계는 선하며 우리는 지혜로운 청지기 역할을 할 책임이 있다는 선언으로 이야기를 시작한다.[3]

더 나아가 우리는 성육신한 지혜께서 피조 세계를 창조하셨다는 사실의 중요성을 인정한다(잠 8:30). 이번 장 첫머리에서 우리는 피조 세계에 남겨진 지혜의 흔적을 언급하는 아우구스티누스의 말을 인용했다. 아우구스티누스는 "그대는 그대가 누구이며 얼마나 위대한지 우리에게 말하기를 그치지 아니하며, 창조된 모든 것의 아름다움으로 우리에게 말하나니"라고 한다.[4] 실로 목공 장인이 자기가 만든 물건에 자기임을 알리는 표시를 남기듯 그리스도는 자신이 창조하신 모든 것에 자기 흔적을 남기셨다.

("세상의" 지혜가 아니라) 세상 속의 지혜

피조 세계가 지혜에 의해 세워졌기에, 당연히 피조 세계 안에는 지혜가 내장돼 있다. 하나님은, 그리스도로 말미암아, 특별한 방식으로 세상을 창조하셨다. 즉 말씀이신 분을 방편으로, 하나님은 우리가 맛보고 만지고 냄새 맡고 듣고 볼 수 있는 것들을 창조하셨다. 하나님이 창조하신 것 중에는 감지될 수 없지만 그럼에도 존재하는 것도 있다. 예를 들어 성경의 기록에 따르면 인간의 영혼은 몸과 마찬가지로 실재하지만 분석되거나 현미경 아래 놓일 수 없다. 하나님은 인간, 양, 소, 새, 물고기, 곤충, 그리고 땅 위를 기어 다니는 것 등을 포함해 다양한 종(種)을 창조하셨으며, 이 모든 것이 하나님의 장엄하심을 선포한다(시 8:1-9). 하나님은 땅 위에 사는 것, 물속에 사는 것, 구름 위를 나는 것을 온갖 조직과 색깔로 지으셨다. 또한 놀라운 방식으로 계발될 수 있는 잠재력을 자신의 피조물에 지어 넣으셨다. 이러한 잠재력을 가지고 사람들이 일할 때마다 미술, 문화, 음악, 건축, 언어, 경제, 과학, 의학 등이 펼쳐진다. 이것이 인간 안에서 작동하는 '이마고 데이'(imago dei, 하나님의 형상)다.

하나님의 지혜는 하나님의 다른 속성들과 함께 이 모든 것을 가능하게 만든다. 하나님은 창조할 수 있는 지식과 권능을 갖고 계시며, 무에서(ex nihilo) 무언가를 창조할 정도로 능력이 있으시다. 하나님 외에는 다른 무엇도 무에서 무언가를 창조할 수 없다. 우리는 피조 세계를 발전시키고 능숙하게 다룰 수는 있지만, 무에서 무언가를 만들지는 못한다. 우리는 이미 존재하는 것들을 다룰 수 있을 뿐이다.

이는 창조주와 피조물 사이의 중요한 차이를 설명해 준다. 하나님은 우리와 같지 않으시다. 하나님은 다른 어떤 것에 의지해 존재하지 않으신다. 하지만 우리는 많은 것을 필요로 한다. 몇 가지만 예를 들자면 음식, 물, 산소, 박동하는 심장 등이 필요하며, 이 모든 것은 하나님에게서 온다. 자신의 지혜로 하나님은 본질상 한 위대한 공급자를 가리키는 세상을 지으셨고, 자신의 사랑과 은혜로 우리에게 필요한 것을 공급하신다.

또한 하나님의 지혜는 질서, 한계, 법(칙)을 통해서도 세상에 알려진다. 피조 세계는 때로 변덕스럽게 자연 재해나 질병 등을 통해 큰 피해와 무질서를 초래하지만, 이는 하나님이 애초에 의도하신 바가 아니다. 성경에 따르면, 하나님의 세상은 본래는 하나님이 그 안에 심어 놓으신 질서를 따라 작동했다. 짐승들은 서로 평화롭게 지냈다. 인간은 큰 혼란이나 수고로움 없이 지혜와 사랑으로 하나님의 세상을 관리했다. 온 우주가 샬롬을 노래했고 하나님은 자신의 피조물과 함께 동산을 거니셨다.

태초에 하나님은 질서 말고도 법(칙)과 한계를 창조하셔서 피조물에게 적절한 방식, 방향, 영역 등을 확정해 주셨다. 중력 덕분에 우리가 땅에 발붙이고 있을 때, 또는 행성이 궤도를 따라 도는 것을 볼 때 우리는 하나님이 놓으신 자연의 법칙을 관찰할 수 있다. 하나님은 이런 법(칙)들을 직접 제정하셨고, 이는 하나님만이 하실 수 있는 일이다. 도덕과 관련된 법(우리는 이를 도덕 규범이라 부른다) 역시 창조 질서에 새겨져 있지만, 하나님은 이 법의 유지 관리를 우리에게 맡기셨다.[5]

여기에 더해 피조물은 물리적으로나 비물리적으로나 분명한 한계를 가진다. 예를 들어 욥기 38:8-11에서 하나님은 욥에게 이렇게 물으신다.

바다가 그 모태에서 터져 나올 때에
문으로 그것을 가둔 자가 누구냐
그 때에 내가 구름으로 그 옷을 만들고

흑암으로 그 강보를 만들고

한계를 정하여

문빗장을 지르고

이르기를 네가 여기까지 오고 더 넘어가지 못하리니

네 높은 파도가 여기서 그칠지니라 하였노라.

이 구절에서 우리는 피조 세계에 대한 하나님의 권세뿐만 아니라 하나님이 정해 두신 한계도 인식하게 된다. 특히 피조 세계의 도덕적 영역에는 종종 보이지 않는 한계가 그어져 있다.

레이 반 리우웬(Ray Van Leeuwen)은 이렇게 말한다. "지혜를 사랑한다는 것은 지혜가 규정한 우주-사회적 경계 안에 머문다는 뜻이다. 어리석음을 사랑한다는 것은 남의 아내를 사랑하는 것과 마찬가지로 경계 밖에 있는 것을 격렬히 추구한다는 의미다. … 그래서 우주의 구조 또는 한계를 인식하는 것은 적절한 에로스 혹은 경향성과 떼어놓을 수 없다."[6] 달리 말해 하나님의 세상이 질서, 법(칙), 한계와 함께 특별한 방식으로 창조된 것처럼 사람들이 하나님의 세상에서 살아갈 때도 마땅히 걸어야 하는 특정한 길(way)이 있다는 것이다.

지혜의 길

"길"은 성경 도처에, 특히 지혜 문학에 널리 스며 있는 주제다. 그 중에서도 잠언은 두 가지의 길을 말하는 책이라고 요약할 수 있다. 하나는 지혜의 길이고, 또 하나는 어리석음의 길이다. 중간 지대는 없다. 잠언은 사망으로 끝나는 어리석음의 길을 버리고, 대신 지혜의 길로 행하라고 아버지가 자녀에게 주는 권면이다. 우리가 어느 특정한 길을 걸어야 한다면, 어디에서 시작해 어디에서 끝내며 어떻게 출발해야 하는가? 출발점과 종착점, 그리고 그 두 지점을 잇는 길, 이 세 가지는 어떤 여정에서든 없어서는 안 될 요소다.

출발점

인생의 마땅한 출발점은 어디인가? 성경은 이에 대해 말할 때 머뭇거리지 않는다. 잠언 1:7은 이렇게 선언한다. "여호와를 경외하는 것이 지식의 근본이거늘 미련한 자는 지혜와 훈계를 멸시하느니라."[7] 그리고 잠언 9:10은 이렇게 덧붙인다. "여호와를 경외하는 것이 지혜의 근본이요 거룩하신 자를 아는 것이 명철이니라."

인생 여정의 올바른 출발점으로서 여호와를 경외하는 것의 중요성은 아무리 말해도 지나치지 않다. 이스라엘의 역사를 크게 둘로 나누자면, 이들이 여호와를 경외하고 그분의 길을 따른 시기와 여호와 경외하기를 거부하고 자기 길을 따른 시기로 나눌 수 있다. 모세는 하나님이 자기 백성에게 요구하신 바를 다음과 같이 요약했다. "이스라엘아 네 하나님 여호와께서 네게 요구하시는 것이 무엇이냐 곧 네 하나님 여호와를 경외하여 그의 모든 도를 행하고 그를 사랑하며 마음을 다하고 뜻을 다하여 네 하나님 여호와를 섬기고"(신 10:12). 하지만 이스라엘 백성들은 목을 곧게 하고 자신들이 정한 길로 갔다. 그래서 이사야는 말했다. "여호와가 아니시냐 우리가 그에게 범죄하였도다 그들이 그의 길로 다니기를 원하지 아니하며 그의 교훈을 순종하지 아니하였도다"(사 42:24).[8]

'여호와를 경외하는 것'에는 인간의 번영에 결정적인 세 가지 요소가 포함된다. 첫째는 '경외'에 대한 건전한 이해다. "여호와를 경외하는 것은 문자 그대로 하나님을 두려워한다, 혹은 겁낸다는 뜻 아닙니까?"라는 질문을 자주 받는다. 이런 질문을 받으면 그렇다고 대답하기는 하지만, 위의 구절들에 쓰인 '경외'라는 말에 그런 의미만 있지는 않다. '경외'로 번역된 히브리어(이라흐)에는 두려움, 경의, 경건의 의미가 함축되어 있다. 하나님의 길을 거스르는 사람들은 하나님을 두려워해야 마땅하다. 그러나 긍정적인 관점에서 보면 '경외'는 여호와의 길로 행하는 사람들 안에 그분을 예배하고자 하는 마음을 불러일으켜 하나님을 더 깊이 사랑하고 하나님으로 충만한 삶을 살게 한다.

둘째, '여호와를 경외하는 것'은 특별한 하나님, 곧 아브라함과 이삭과 야곱의 하나님 여호와를 두려워하고 믿을 것을 역설한다. 이 하나님은 자신을 참되신 하나님, 피조 세계의 그 어떤 것과도 전적으로 구별되시며 다른 나라의 신들과 혼동되어서는 안 되는 분으로 선언하신다.[9]

셋째, '여호와를 경외하는 것'은 영적/지적 겸손을 요구한다. 여호와를 경외하는 것은 지혜의 길로 들어가는 입구 역할을 한다. 그런 의미에서 '경외'는 겸손과 동의어이자 겸손의 길로 향하는 첫 걸음이다. '경외'라는 입구를 통과한 사람이 지적 엘리트 의식이나 교만에 빠지기란 불가능하다. 반대로, 우리의 탁월한 머리, 뜨거운 가슴, 심지어 놀라운 성취라고 할지라도, "내가 문이니", "내가 곧 길이요"라고 선포하신 분에 의해 제대로 정화되지 않는다면 절대로 그 문을 통과할 수 없다.[10]

종착점(텔로스)

그리스도인의 삶에서 '텔로스'(끝 또는 목표)는 무엇인가? 성경은 지혜의 길로 가는 출발점이 '하나님을 경외하는 것'임을 명쾌히 말한다. 하지만 우리는 어디에서 끝을 내야 하는가? 우리는 무엇을 목표로 하는가?

그리스도인의 '텔로스'는 여러 측면에서 규정할 수 있다. 첫째, 그리스도인의 삶의 목표는 대계명이다. 예수님은 우리가 하나님의 세상에서 살아갈 때 가장 중요한 것은 하나님 사랑과 이웃 사랑이라고 말씀하셨다.[11] 예수님은 이 두 계명을 거의 동일한 것으로 말씀하신다. 하나님을 제대로 사랑하면 필연적으로 타인을 사랑하게 되는 까닭이다. 더 나아가 이 이중의 계명은 삶의 수직적 차원과 수평적 차원이 서로 균형을 이루는 게 중요함을 강조한다. 어떤 이는 자신의 사랑과 수고를 수직적 차원에만 집중하는 경향이 있어 이 땅에서는 아무 유익도 끼치지 못할 정도로 천국을 중심으로 산다. 또 어떤 이들은 수평적 차원에만 집중한 나머지 선한 일에는 분주하지만 그 과정에서 하나님과 복음은 소홀히 한다. 하나님 사랑과 이웃 사랑이라는 이 쌍둥이 계명은 "이것이냐 저것이냐"가 아니라 "이것과 저것 둘 다"를 지향하기를 요구한다. 우리의 사랑은 하나님과 더불어 시작되어 하나님의 세상을 향해 흘러넘쳐 들어간다. 그리고 이 순서는 결코 반대가 되어서는 안 된다! 실제로 하나님을 향한 사랑이 커지면 이는 아버지께서 자신의 세상을 향해 보이시는 사랑을 점점 닮아간다.[12]

둘째, 그리스도인의 '텔로스'는 그리스도를 닮는 것이다. 예를 들어 에베소서 4:1-16에서 바울이 밝힌 주된 관심사는 그리스도인들을 향해 "부르심을 받은 일에 합당하게 행하여(walking)" 온전해지기를 권하는 것이었다. 이 말씀에서 바울은 "행하여"(walking)라는 단어를 사용함으로, 구약성경이 말하는 지혜의 길을 걷도록 경종을 울리면서 그와 동시에 그 길이 어디로 향하는지 알려 준다. 그

길의 종착점은 바로 그리스도를 닮아 온전해지는 것이다. 이 온전함은 겸손, 온유, 인내, 사랑이라는 특징을 보이며, 예외없이 성령이 사람들 안에서 일하신 결과로 나타난다(엡 4:1-3). 그리스도는 우리의 머리이자 목표다. 그리스도는 "모든 믿는 자에게 의를 이루기 위하여 율법의 마침(텔로스)"이 되시며 모든 사람의 모범이 되신다.[13]

출발점과 종착점 사이의 길

누구든 길을 가려면 어디에서 시작해 어디에서 마칠지 아는 게 지극히 중요하다. 출발점과 종착점은 여정의 방향성을 제공하기 때문이다. 하지만 우리는 출발점에선 벗어났으나 아직 종착점에 다다르지 못한 채 대부분의 시간을 두 지점 사이의 어느 길에서 보낸다. 그렇다면 그 길이란 무엇인가? 이는 방향성의 문제라기보다 출발점과 종착점 사이에서 보내는 지혜로운 삶의 문제로 귀착된다.

앞에서 언급한 바 있듯, 성경이 '길'이라는 주제를 얼마나 풍성하게 다루는지 되짚어 보는 것으로 시작하자. 신약성경을 먼저 살펴보자면, 요한복음 14:6에서 예수님이 자기 자신을 가리켜 "길"이라고 하신 것, 사도행전 9:2에서 첫 그리스도인들을 가리켜 "그 도"(The Way)를 따르는 사람들이라고 한 것, 그리고 바울이 그리스도인의 삶을 설명할 때 '길을 걷다'(walking, 개역개정에서는 주로 '행하다'로 번역함-편집자 주)는 은유를 자주 사용한 것 등을 생각할 수 있다.

그런 다음, 지혜의 길을 이해하기 위해 더도 말고 잠언 31:10-31의 현숙한 여인을 살펴봐야 한다. 이 본문은 2장에서 요약 정리했으므로 여기서는 간략히 돌아보기만 하겠다. 지혜는 성경 전체에서, 특히 지혜 문학에서 여성으로 의인화된다. 잠언 31장은 지혜 부인(Lady Wisdom)의 일상을 자세히 들여다보게 해 준다. 지혜 부인에 관해 주목해야 할 점은 다음과 같다.

1. 이 여인은 여호와를 경외한다(31:30).
2. 이 여인은 보통의 인간이다. 물질적인 일과 영적인 일 모두 이 여인의 지극한 관심사다(31:10-31).
3. 이 여인은 신뢰할 만하다(31:11).
4. 이 여인은 입을 열어 지혜를 베푼다(31:26).

5. 이 여인은 늘 선을 행하고 악을 행하지 않는다
   (31:12).

6. 이 여인은 기꺼이 손으로 일한다(31:13).

7. 이 여인은 아침 일찍 일어나 옷과 세마포를 손질하
   고 들에서 일하며 식구들을 먹인다(31:13-22).

8. 이 여인은 가난한 이들을 돌본다(31:20).

9. 이 여인은 투자하여 수익을 낸다(31:16, 24).

이외에도 더 많은 특성을 들 수 있지만, 위의 목록을
보면 잠언 기자가 지혜로운 삶에 관해 독자들에게 알리
고자 한 부분이 무엇인지 알 수 있다. 잠언 31장의 여인
은 '바른' 길로 행한다(walks). 즉, 바른 방식으로 살고 일
하고 말하고 팔고 투자한다. 이 여인은 여호와를 경외하
는 것으로 시작하고, 그런 다음 살아간다. 이 여인에게 지
혜로운 삶이란 단순히 영적 문제로 한정되지 않으며, 반
대로 그저 일상에 찌들어 분주하게만 사는 어리석음을
저지르지도 않는다. 이 지혜로운 여인은 "하나님을 경외
하는 것"과 "그리스도를 닮는 것" 사이에서 (1) 타인에게
관심을 두고 (2) 선량함과 공의와 인애를 꾸준히 베풀며

(3) 피조 세계를 경작하는 일로 가득한 삶이 어떠한 길인지 알고 있다.

이 여인이 타인에게 얼마나 관심을 두는지 쉽게 알 수 있는 것은 타인을 향한 걸음으로 가득하기 때문이다. 이 여인이 보여 주는 섬김은 가족에게만 국한되지 않는다. 여인은 온 집안 사람을 섬기는데, 여기에는 남편과 자녀뿐만 아니라 종들까지 포함된다. 그렇다. 지혜로운 여인은 종들까지 섬긴다(31:15). 또한 이 여인은 날씨가 추워질 것을 예상하고 식솔들이 옷을 두툼히 껴입을 수 있게 준비한다(31:21). 여인은 결코 게으름을 피우지 않는다(31:27). 여인은 그 수고에 대한 열매를 걷으며 "그 행한 일로 말미암아 성문에서 칭찬을 받"(31:31)는다.

잠언 31장이 묘사하는 여인의 성품은 선량함, 공의, 인애를 바탕으로 한다. "살아 있는 동안에 그의 남편에게 선을 행하고 악을 행하지 아니하느니라"(31:12). 그리고 여인의 섬김이 집안 너머에까지 미치는 것을 우리는 또 한번 보게 된다. 여인은 자기 손으로 물레질을 하고 곤고하고 궁핍한 사람에게도 도움의 손길을 내민다(31:19-20). 여인은 그들의 삶의 형편을 비난하지 않고, 그들의 상황이 어떻든 자신과 상관없다며 모른 체하지도 않는다. 여인은 궁핍한 사람들에게 도움의 손길을 내밀면서 의롭게 행동하고, 자비를 사랑하며, 하나님과 더불어 겸손하게 행한다.[14] 말을 할 때도 여인은 거드름을 피우거나 엘리트 의식을 드러내지 않으며 상냥하고 온유하다. 여인이 입을 열면 사람들은 귀를 기울인다. 여인이 "지혜를 베풀며 그의 혀로 인애의 법을 말하"기 때문이다 (31:26).[15]

마지막으로 지혜로운 여인은 투자자, 경작자, 사업가로서 피조 세계를 계발하고 지역 사회에 폭넓게 기여한다. 잠언 31장은 여인이 밭을 살펴보고 사며 손수 번 것을 가지고 포도원을 일군다고 말한다. 여인은 바느질 솜씨를 발휘해 베로 옷을 짓고 띠를 만들어 동네 상인들에게 판매한다. 지혜로운 여인은 솜씨도 좋고 돈을 버는 수완도 좋다. 하지만 여인이 투자를 하는 이유가 자신이 부자가 되기 위해서라는 암시는 어디에도 없다. 그보다 여인은 다른 사람들을 이롭게 하려고 자기 수익을 투자한다. 확신컨대 잠언 31장의 여인은 이득 얻는 것을 부끄러워하지 않는다. 여인은 비용 대비 이득을 분석할 줄 알며,

투자에 따른 수익을 고려한다. 그러나 차이점이 있다면, 여인이 투자하고 가꾸고 판매하는 목적에 있다. 여인의 목표는 자신이 더 많이 얻으려는 게 아니라 모두가 번영하는 것이다.

일터에서의 지혜

지혜의 길은 지혜와 일 사이를 잇는 연결 고리다. 이 길은 여호와를 향한 경외에서 출발점을 찾고 하나님과 이웃 사랑 및 그리스도를 닮은 성숙에서 텔로스를 찾는다. 지혜로운 여인은 질서정연하게 소명을 이행하는 모습을 통해 출발점으로부터 종착점에 이르기까지의 길을 어떻게 가야 하는지 본을 보여 준다. 여인은 어머니로서, 이웃으로서, 사업가로서, 배우자로서 어떻게 지혜를 발휘하는지 보여 주지만, 여기서 우리가 특별히 주목하려는 것은 직업에 대한 부분이다.

잠언 31장이 묘사하는 바, 지혜로운 여인에 의해 가정이 꾸려지는 모습은 만물을 경영하시는 하나님을 떠올리게 하는 일종의 축소판이다. 조금 멀찍이 떨어져서 하나님의 세상 전체를 조망한다고 할 때, 만약 지혜로운 여인이 우리 세상에서 일하는 기계공, 도서관 사서, 트럭 기사, 예술가 … 라면 잠언 31장은 그 모습을 어떻게 묘사할까 하는 질문을 던질 수 있다. 위 빈 칸(…)에 자신의 직업을 대입한 뒤 잠언 31장이 자신의 삶에선 어떻게 적용될지 상상해 보라.

오늘날 많은 그리스도인이 물질적 문제보다 영적 문제를 우선시하는 이원론을 극복하는 데 어려움을 겪으며, 이는 자기 직업의 가치를 제대로 알고 인정하는 데 장애가 된다. 그럼에도 우리는 종교적인 것은 선하고 세속적인 것은 그렇지 않다는 거짓말을 믿지 않는다. 하나님이 만물을 창조하시고 "심히 좋았더라"(창 1:31)고 하신 게 사실이라면, 그리고 "땅과 거기에 충만한 것과 세계와 그 가운데에 사는 자들은 다 여호와의 것"(시 24:1)임이 사실이라면, 모든 것은 신성하다. 죄는 하나님의 선한 세상에 혼란을 일으켜 악한 종착점 쪽으로 그릇 인도할 수는 있지만 하나님이 선하게 창조하신 것 자체를 나쁘게 만들지는 못한다.

지금도 하나님은 만물을 새롭게 만드는 '일'을 하고 계시며, 그 과정에서 하나님과 함께 할 수 있는 특권을 자기 백성에게 주셨다. 우리는 먼저 우리에게 맡겨진 섬김의 일을 기꺼이 받아들이는 것으로 하나님의 일에 동참한다. 하나님은 우리에게 "화목하게 하는 사역(ministry, 개역 개정, '직분')"을 주셨으며, 이는 바울이 고린도후서 5:18에서 선언하는 바이기도 하다. 그리스도를 통해 우리가 하나님과 화목하게 하신 후 하나님은 우리에게도 이 사역을 주셔서 복음이 지닌 회복과 치유의 능력을 하나님의 상한 세상에 적용하게 하신다.

그렇다면 이 사역은 복음 증거와 제자 양육에 중점을 두는가, 아니면 선행 및 사랑과 자비에 중점을 두는가? 이 문제 역시 "이것이냐 저것이냐"의 문제가 아니라 "이것과 저것 둘 다"의 문제다. 화목하게 하는 복음의 능력은 영적, 물질적, 구조적, 관계적 깨어짐을 비롯해 모든 종류의 깨어짐에 적용된다. 우리는 예수님이 우리를 구원하기 위해 태어나시고 살다가 십자가에 죽으시고 장사되었다가 부활하셨다는 좋은 소식을 말로 전하면서 사람들을 회개와 믿음으로 부르는 일의 중요성을 절대 과소평가해서는 안 된다. 그러나 다른 한편 궁핍한 사람들에게 복음이 적힌 소책자만 건네고 이들의 곤궁함을 외면

하는 일이 있어서도 안 된다.

결론

우리에게 화목하게 하는 사역이 주어졌다는 사실을 인정한다면, 바로 그 일에 착수해야 한다. 특히 일터에서! 직업이 모두 다르기에 지혜와 화목을 일터에 적용하는 양상도 사람마다 다를 것이다. 그러므로 누구에게나 들어맞는 일률적 접근법을 제시하기보다는 일련의 질문으로 생각할 거리를 마련해 주는 게 최선일 테다.

일터에서 내 직무가 하나님의 세상과 어떻게 연결되고 어떻게 그 세상을 섬길 수 있을지 생각해 보라. 예를 들어 트럭 기사는 단순히 A 지점에서 B 지점으로 화물을 옮기기만 하는 게 아니다. 트럭 기사는 지역 시장과 마트에 상품을 배송하는 일로 가족을 부양한다. 트럭 기사가 없으면 경제에 타격이 클 것이며, 많은 가정이 식료품을 구하지 못해 어려움을 겪을 것이다. 게다가 트럭 기사가 얼마나 많은 사람과 접촉하는지 생각해 보라. 그들 한 명, 한 명과의 관계는 이웃 사랑을 실천할 기회가 된다. 타인과의 진실하고 사려 깊은 관계가 우리에게 주는 의미는 과

소평가할 수 없다. 트럭 기사의 일에 담긴 그 이중의 사랑의 효과는 헤아릴 수 없다.

당신이 행하는 일의 방식이 창조주 하나님을 경외하고 (자신을 포함한) 사람들의 존엄을 높이며 피조 세계의 선함을 알리는 방향으로 재조정될 수 있는지 고민해 보라. 당신에게 주어진 직무와 책임을 어떻게 실천하면 그것으로 하나님을 사랑하고 이웃을 사랑하는 효과가 나타날지 고민해 보라. 당장은 그런 변화가 어렵다면, 보다 나은 방법에 대한 고민을 시작해 보라.

마지막으로 자기 자신에게 이렇게 질문해 보라. "일터에서 이루어지는 나의 '사역'은 만물을 새롭게 하시는 하나님의 사명(God's mission)에 어떻게 기여하는가?" 예를 들어 예술가는 이 질문에 답변하기가 쉬울 수도 있다. 반면 공장 노동자에게는 답변이 어려울 수 있다. 그럼에도 우리의 직무를 만물에 대한 하나님의 경륜과 연관시켜 생각해 보면, 우리가 손으로 하는 일의 의미를 더 잘 이해하게 된다. 하나님은 얼마 되지 않는 우리의 떡과 생선을 취해 이 세상에 넉넉한 생명을 주신다.

적용을 위한 질문

- 지혜란 무엇이며, 사람은 어떻게 지혜로워지는가?
- 지혜는 어디에서 시작되는가? 지혜의 종착점은 어디인가?
- 일터에서 내가 걷는 '길'(ways)은 성경이 말하는 '지혜의 길'과 조화를 이루고 있다고 생각하는가? 그렇지 못하다면, 일터에서 내가 걷는 길에 어떤 변화가 필요한가? 그런 변화조차 모색하기 어렵다면 어떤 부분에서 새로운 동기와 지원이 필요한가?

추천 도서

Augustine. *The Confessions*. Trans. R. S. Pine-Coffin. New York: Penguin Books, 1961.

Bartholomew, Craig G., and Ryan P. O'Dowd. *Old Testament Wisdom Literature: A Theological Introduction*. Downers Grove, IL: IVP Academic, 2011.

Kuyper, Abraham. *Wisdom and Wonder: Common Grace in Science and Art*. Ed. Jordan J. Ballor and Stephen J. Grabill. Trans. Nelson D. Kloosterman. Bellingham, WA:

Lexham Press, 2015.

Van Leeuwen, Raymond. "Proverbs." In *The New Interpreter's Bible: Proverbs-Sirach*, Vol. 5. Nashville: Abingdon Press, 1997.

Wolters, Albert M. *Creation Regained: Biblical Basics for a Reformational Worldview*. Grand Rapids: Eerdmans, 2005. 『창조 타락 구속』(IVP).

Wolters, Albert M. *The Song of the Valiant Woman*. Bletchley, UK: Paternoster Press, 2001.

Wright, N. T. *After You Believe: Why Christian Character Matters*. New York: HarperOne, 2012. 『그리스도인의 미덕』(포이에마).

5. 하나님 나라, 사명, 제자도 통합하기

일터에서 진실해야 하며 동료들을 그리스도께 인도하기 위해 노력해야 한다는 말을 자주 듣는다. 일터에서의 윤리와 복음 증거는 당연히 강조해야 하는 부분이지만, 이것만으로는 하나님 나라의 청지기로서 소명에 따른 능력을 잘 사용하도록 그리스도인들을 구비시키는 데는 충분하지 않다. 우리는 현상 유지에 만족해서는 안 된다.[1]
에이미 L. 셔먼, Kingdom Calling

하나님 나라는 (만물을 새롭게 하시려는) 하나님의 사명이 지향하는 바다. 또한 하나님 나라는 그 나라를 드러내려는 노력의 일환으로 일을 하는 우리에게 준거점이 된다. 하지만 나에게 하나님 나라는 늘 의미를 파악하기 어려운 개념이었다. 만약 당신도 그렇다면 크게 염려할 필요가 없다. 그런 사람이 한둘이 아니다. 유명 신약학자 하워

드 마샬 역시 하나님 나라가 최근 들어 상당히 많은 성경 연구의 주제가 되기는 했지만 그 의미가 늘상 명쾌하진 않다고 인정한다.[2]

하나님 나라와 일

스티븐 J. 니콜스는 하나님 나라를 개념화하기 어려운 것은 모든 것을 포괄하는 그 속성 때문임을 분명히 한다. 하나님 나라는 신학 및 하나님의 사명의 모든 영역에 각각 영향을 미치며, 이는 예수님과 복음 메시지 및 성경 해석 방법에 대한 우리의 이해에도 영향을 미친다. 달리 말해, 하나님 나라가 무슨 의미인지 깨닫는 게 유난히 어려운 이유는 이것이 기독교 사상에서 동떨어지고 고립된 한 부분이 아니기 때문이다. 하나님 나라 개념은 그리스도인의 삶의 거의 모든 영역으로까지 확장된다. 니콜스는 하나님 나라가 그리스도인의 삶의 수많은 부분에서 빠뜨릴 수 없는 구성 요소이기 때문에 이를 별개로 이해하고자 하는 것은 닭이 먼저냐 달걀이 먼저냐의 신학 버전 같은 거라고 말한다.[3]

하나님 나라를 이해하기 어렵게 만드는 또 한 측면은,

오랜 역사 가운데 목회자들과 교사들이 그 나라의 각각 다른 부분을 강조해 왔다는 점이다. 자유주의 신학자들은 개별 신자 안에 있는 하나님 나라의 통치를 강조했다. 하나님의 왕권이 각 사람마다 상대적으로 다르게 발현된다는 것이다. 해방을 지향하는 신학자들은 윤리적 사회에서의 하나님의 통치를 강조했다. 복음주의자들은 "이미, 그러나 아직"이라는 그 나라의 속성을 강조하면서 그 나라가 교회를 통해 이미 부분적으로 도래했다고 주장했다. 현재 우리는 하나님이 이 땅에 다시 오셔서 피조 세계를 통치하실 때 성취될 하나님 나라의 완성을 기다린다는 것이다. "이미, 그러나 아직"의 관점에서 이해하는 하나님 나라는, 교회 안의 신자가 동시에 하나님 나라의 백성이자 그리스도의 통치를 드러내는 사례라는 개념을 아름답게 포착해 보여 준다. 신자들을 통해 하나님은 자신의 뜻을 보다 넓은 사회에서 펼쳐 나가고자 하신다.

그러므로 하나님 나라는 우리가 행하는 일의 보편적 목표를 제시한다. 이 목표를 제대로 이해할 때 우리는 모든 피조물에게 생명을 주시는 하나님의 통치를 가리키는 성경의 궤도 위에 올라타게 된다. 성경은 하나님 나라란 피조물의 깨어진 상태가 더 이상 존재하지 않는 곳이라고 선언한다. 하나님이 "모든 눈물을 그 눈에서 닦아 주시니 다시는 사망이 없고 애통하는 것이나 곡하는 것이나 아픈 것이 다시 있지 아니"할 것인데, 이는 하나님이 죄의 저주를 극복하실 것이기 때문이다(계 21:4). 그리스도의 제자들은, 비록 하나님 나라가 아직 만개하지 않았음에도 이미 누리고 있는 부활의 실체들을 증거하기 위해 일한다. 이 목표는 우리의 일과 관련된 문제들을 분석할 때 사용해야 할 바로미터다. 이를 통해 우리의 일이 과연 "다가오는 새 피조 세계와 더욱 부합하는 방향으로 변화를 촉진"하는지 질문을 던지게 만든다.[4]

사명과 일

하나님의 사명은 인류 전 역사를 포괄하면서 하나님의 만물을 회복하시는 행위를 포착하는 성경의 이야기로서, 하나님 나라라는 결말로 끝을 맺는다. 그리스도의 제자인 우리에게는 이 땅에서 이루어지는 하나님의 회복의 사명을 증거할 임무가 주어졌다. 이번 장에서는 일터에서 그 사명을 선포하고 구체화해야 할 우리의 과제에 대해 살펴보겠다.

앞서 3장에서 정의한 사명(mission)과 선교(missions) 개념은 일터에서 신자들이 하나님의 사명을 증거하는 방식들을 구체화하는 데 도움을 준다. 보다 명확히 이해하기 위해 그 개념을 복습해 보자. '선교'는 흔히 특정한 지역, 특정한 시간, 그리고 구체적인 목표 같은 한정 요소들이 딸린 이벤트를 가리키는 것으로 이해된다. 그 한정 요소들 안에서 선교는 무수한 활동으로 펼쳐진다. 이와 대조적으로 '사명'은 삶의 모든 부분을 좌우하는 일반적 정신, 패러다임, 혹은 경향을 말한다.[5]

선교와 사명은 가끔은 서로 부딪히기도 하지만, 내가 판단하기에 이 두 개념은 일터에서 하나님의 사명을 활발히 증거하는 데 긴밀히 협력할 수 있다. 복음을 선포하는 것과 복음을 드러내는 것은 그리스도인의 삶과 증거에 없어서는 안 될 부분이다. 말과 행동이라는 원투펀치는 성경 곳곳에 나와 있으며, 두 요소 모두 하나님의 사명에 참여하는 데 지극히 중요하다(요 14:11, 17:18). 이 두 요소 사이에 긴장이 생기는 이유는 흔히 신자들이 둘 중 하나에 더 탁월한 경향을 보이기 때문이다. 어떤 신자들은 복음 증거를 위해 말보다 행함에 치중하는데, 영원의 관점에서 자신들의 일과 일터에서의 행동 하나하나에 보다 큰 가치를 두기 때문이다. 반면 어떤 신자들은 규칙적인 성경공부와 기도 모임을 통해 복음의 진리를 선포하려 애쓴다. 이 두 유형의 신자들이 함께할 때 서로의 복음 증거에 힘이 더해지고 자신들의 일을 하나님 나라에 유익한 새로운 차원으로 끌어올릴 수 있다.

우리가 일을 수행하는 태도는 하나님의 사명을 보다 심층적으로 증거할 수 있는 잠재력을 더한다. 주님을 섬기듯 일하는 그리스도인이 주축이 되어 팀이 꾸려질 경우 관리자는 그 팀을 쉽게 알아볼 것이다. 동료들도 그 팀에 마음이 끌릴 것이다. 하나님을 존귀하게 여기는 작업 환경은 거기서 일하는 사람들을 모든 면에서 윤택하게 만들고, 그 결과 그 팀이 최상의 결과를 내놓을 수 있게 하기 때문이다. 긍정적인 팀 동력을 발생시켜 최선의 성과를 내게 하는 작업 환경은, 그 환경을 조성한 복음을 자연스레 선포하기 마련이다.

우리가 손으로 하는 일은 피조 세계를 결코 정지 상태로 두지 않기에, 하나님의 사명은 우리가 일하는 방식뿐만 아니라 신자로서 우리가 택하는 직업 유형에까지 영향을 미쳐야 한다. 하나님이 자신의 세상을 번성하게 하려고 구상하신 방식을 거스르는 직업도 있기에 신자라면 그런 직업은 배제해야 한다. 예를 들어 포주라는 직업은 하나님의 형상으로 창조된 존재를 대상화하고, 하나님이 선물로 주신 성(性)을 상품화함으로써 그 가치를 깎아내린다. 마약상은 그리스도가 죽음으로 되사신 사람들을 망가뜨리는 독을 판매하며, 많은 경우 사용자들의 육체와 정서를 황폐하게 하고 인간관계까지 파괴하는 중독에 빠지게 만든다. 다단계 금융 사기에 사람들을 끌어들이는 이들은 철저히 하나님과 이웃을 무시함으로써 오로지 자신만의 이득을 취하기 위해 일한다.

시설 관리인이나 청소부 같은 직업을 생각해 보자. 사람들은 이들이 하는 일에 별로 고마워하지 않지만, 이들이 없으면 건물 내 사무실이 제대로 돌아가지 않을 것이다. 이 이름 없는 영웅들이 늘 관리하고 정비하지 않으면 사무실, 공장, 회의실에서는 대혼란이 빚어질 것이다. 이들은 일터를 늘 청결하게 유지하고 일상의 업무가 아무 지장 없이 이루어질 수 있게 함으로써 다른 근로자들을 섬긴다.

시설 관리직은 여느 직종과 마찬가지로 그 자체로 귀하지만, 그리스도인이라면 자신이 관리직으로 일하게 될 해당 기업이 어떤 목표를 갖고 있는지를 고려해야 한다. 나의 직장인 사우스이스턴 침례신학교의 관리팀은 "학생들이 교회를 섬기며 지상명령을 이행할 수 있는 소양을 갖추게 함으로써 주 예수 그리스도를 영화롭게" 한다는 학교의 사명을 이행하는 데 한 몫을 담당하고 있다. 마찬가지로 시청의 관리팀은 시민들이 불편 없이 생활할 수 있는 사회를 만든다는 영예로운 일에 한 몫을 담당한다. 하나님의 사명을 제대로만 이해하고 있다면, 만약 우리가 하나님의 목적에 배치되는 목표를 가진 기업에 속해 있더라도 그 안에도 영예로운 직무가 있는지 여부를 판단하기가 수월할 수 있다.

하나님은 어떤 조직을 자기 뜻에 맞게 변화시키기 위해 자기 백성을 화목의 대사로 그곳에 보내실 수도 있다. 예를 들어 어떤 기업의 일 자체는 선하지만, 사무실이나 공장에서 진행되는 과정은 하나님을 기쁘시게 하지 못할 수 있다. 이때 하나님은 이 환경 속에 신자를 투입하시고 관리자 직분을 맡겨 내부적으로 하나님을 존귀하게 여기는 분위기를 형성시키실 수 있다. 기업에서 지위가 높을수록 변화를 일으켜야 할 책임도 커진다. 세상의 지혜는 꼭 그렇지 않다. 하지만 하나님은 더 많이 받은 사람에게 더 많은 책임을 물으실 것이다.

결국 우리가 소명을 수행하는 영역은 하나님 나라를 선포하고 증거할 뿐만 아니라 세상에서 하나님의 회복 사명을 진전시키기 위한 중심지다. 하나님의 모든 피조물 가운데 유일하게 사람만이 이런 사역을 감당할 자격을 갖추었다. 성경은 주님을 증거할 자가 없어지지 않으리라는 점을 분명히 한다. 필요할 경우 돌들이라도 하나님께 소리칠 수 있기 때문이다(눅 19:40, 롬 8:22). 그렇다면 창조주에 대한 인간의 증언이 그렇게 특별한 이유는 무엇인가? 앞서 창세기 1-2장 연구를 통해 우리는 하나님의 형상을 지닌 대리인들에게 피조 세계를 정복하고 다스릴 독점적 임무가 있다는 사실을 알았다(창 1:28).

사람들이 하나님의 사명을 (다른 피조물들과 달리) 고유하게 증거할 수 있는 이유는, 오직 우리만이 유일무이하게 이 세상과 영원한 세상 모두를 인식할 수 있기 때문이다. 신학자 헤르만 바빙크는 이렇게 말한다.

동물은 이 땅의 일은 인식하지만 하늘의 일은 인식하지 못한다. 동물은 실제적인 것, 유쾌한 것, 유용한 것은 인식하지만 참된 것, 선한 것, 아름다운 것에 대해서는 알지 못한다. 동물에게는 오감에 따른 인식과 감각적 욕망이 있지만, 감각적인 데 그칠 뿐 영적 질서로까지 파고들지 못한다.[6]

즉, 인간의 욕망은 동물의 욕망처럼 오로지 감각적인 것만으로 충족될 수 없다. 바빙크는 계속해서 인간 욕망의 근원이 어디에 있는지 이야기한다.

영원한 질서에 대한 이 갈망, 하나님이 인간의 마음에, 인간 존재의 깊고 내밀한 곳에 심어 주신 이 갈망이야말로 … 현세의 질서에 속한 것만으로 인간을 만족시킬 수 없다는 분명한 사실의 원인이다.[7]

이런 갈망을 충족시키고자 하면서 정작 이 땅의 일과 영적인 일을 함께 다루기를 소홀히 한다면, 이는 우리에 대한 하나님의 구상과는 반대로 우리의 욕구를 채우려 노력하는 셈이 된다. 실제로, 인간으로 존재한다는 것의 의미를 외면한 결과 우리 삶에 역기능을 초래하게 될 것이다. 특히 일터에서 성공하고자 하는 욕구를 채우려 할 때 이런 함정에 빠지기 쉽다. 이런 경우, 목표가 성취되어도 우리 일은 하나님의 사명과 적극적으로 얽히지 않는다. 그러다 불만족하게 되고, 이 불만족 때문에 과로하게 되는 것이다. 이는 하나님의 사명과 동떨어진 성취를 통해 정작 우리에게 줄 수 없는 무언가를 얻으려 기대하기 때문이다.

이 땅의 일과 영적인 일이 우리의 일터에서 씨줄과 날줄로 엮여야 한다는 개념은 우리의 구원을 생각나게 한다. 우리가 그리스도 안에서 새롭게 될 때, 성령은 우리 마음과 생각을 열어 하나님이 피조 세계에 새겨 두신 지혜를 깨닫게 하신다. 그리고 우리 자신과 주변 사람들이 하나님을 향해 나아가게 하는 데 우리 일이 어떻게 사용될 수 있을지 보여 주신다.

우리가 이 땅에서 벌이는 모든 노력 안에 자신의 영성을 담아내야 하는 이유는, 그렇게 하지 않으면 하나님의 형상을 지닌 존재로서 우리의 역할을 하찮게 여기는 것이 되기 때문이다. 그리고 하나님 나라 프로그램에서 우리가 맡은 고유한 역할을 이해함으로써, 신자들이 일터에서 하나님의 형상에 합당한 능력을 발휘하도록 돕기 원한다면 제자도를 강조해야 한다.

제자도와 일

나의 경험으로 보건대, 제자훈련 프로그램은 주로 영성훈련을 통한 영성 형성에 목표를 둔다. 이를 위해 어린 신자들이 성경을 읽고 해석하고 적용하며 다른 사람들에게 복음을 전할 수 있게 준비시킨다. 물론 이러한 도구들이 성장하는 그리스도인의 삶에 필수이긴 하지만, 하나님 나라를 위해 우리가 행하는 일의 현세적 측면과 영원한 측면을 조화시키라는 부르심이 있기에, 우리는 여기에 그치지 않고 제자도의 지평을 좀 더 확대하고자 한다. 이를 가리켜 평생 제자도(whole-life discipleship)라고 한다. 그렉 포스터는 다음과 같이 이 제자도의 필요성을 일깨운다.

제자훈련과 일상생활 사이의 간극이 교회에만 위협이 되는 것은 아니다. 이는 현재 인간 문명이 마주하고 있는 공공의 위기의 주원인이기도 하다. … 일과 경제는 교회와 세상 사이를 잇는 중요한 연결점이다. 그리스도인이 생산성 높은 노동과 경제적 지혜를 통해 생활 속에서 믿음을 드러낼 때, 문명 발전에 심대한 영향을 미칠 수밖에 없다. 하지만 많은 경우 그렇듯 제자도가 일과 경제와 연결되지 않으면 문명은 다른 방향으로 전개된다.[8]

평생 제자도는 영성 형성을 포기하는 게 아니라 오히려 필요로 한다. 성화는 삶의 모든 부분에서 일어나는 점진적인 내적 갱신이다. 성결의 영이 우리 삶을 꿰뚫을 때, 우리의 가정, 비즈니스, 교회, 공동체의 내적 활동은 질적으로 변화를 일으킨다. 그리스도로 인해 가능해진 구원의 새롭게 하는 능력은 심지어 자연 세상의 구석구석까지 스며들어 그 내부에서부터 근본적인 성화가 일어나게 한다.[9]

세상을 새롭게 보도록 훈련하는 것은 평생 제자도 과정에서 필수적이다. 이 훈련은 성경이라는 교정 렌즈를 통해 세상을 보는 능력을 우리에게 심어 준다. 그 결과로 우리는 성령을 통해 그동안 피조 세계 전반을 덮고 있던 죄의 저주를 인식하고 구속을 향한 강한 열망을 품기 시작한다.[10] 더 나아가 성령이 드러내 보여 주시는, 피조 세계 속 온갖 깨어진 것들을 어떻게 하면 새롭게 할 수 있을지에 대한 세계관을 성경 속에서 발견할 수 있다. 제자들은 다음과 같이 질문하는 법을 배워야 한다. "타락 이전의 세상은 어땠을까?" "타락은 이 세상에 어떤 영향을 미쳤을까?" "어떻게 하면 나의 일을 통해 이 세상의 회복을 향한 하나님의 구상을 실현할 수 있을까?"

우리는 제자 훈련의 본질을 보통 영적으로 해석하면서도, 도제식 교육은 직업상 기술을 익히기 위한 것으로 여긴다. 평생 제자도는 제자 훈련과 도제식 교육을 유용하게 결합한다. 따라서 그리스도의 제자들은 이웃을 사랑함으로써 하나님을 영화롭게 하는 방법을 배울 뿐만 아니라, 그와 동시에 (하나님의 목적에 부합하는 방식으로) 최상의 재화와 서비스를 제공함으로써 하나님을 영화롭게 하는 방법도 배운다.

개별 신자의 경우, 평생 제자도란 기독교 세계관 안에

서 각각의 관계(하나님과의 관계, 서로와의 관계, 자기 자신과의 관계, 그리고 피조 세계와의 관계)를 개선하는 데 노력을 기울이는 것으로, "인류와 피조 세계 사이의 관계" 개선이 그 시작점이다. 일이란 피조물인 우리가 하나님의 피조 세계로 행하는 모든 것이므로, (월급처럼) 경제적 수입이 생기는 직장에서는 건설적이거나 시장성 높은 방식으로도 피조 세계를 계발해야 한다. 인류와 피조 세계 사이의 선한 관계는 그리스도인 노동자가 고도의 기술을 개발하고 이를 다른 이들에게 전해 주는 데에도 절대적으로 필요하다.

이런 유형의 제자도는 직장에서 가장 효과적으로 개발된다. 예를 들어 경험 많은 배관공이 자기 팀에 신참이 들어온 것을 눈여겨본다. 이 고참 배관공은 매일 작업을 함께하며 신참 배관공을 모든 면에서 성장시킬 수 있다. 본질적으로 제자도의 과정은 경험 부족한 노동자의 숨겨진 잠재력을 이끌어 낸다. 주어진 분야에서 탁월해지는 법을 가르치는 것은 하나님의 피조 세계를 가꾸고 계발할 수단을 제공하는 것이기도 하다(창 1:28-30). 이를 통해 신참 노동자는 그리스도의 대리인으로서 피조 세계를 다스릴 권한과 능력을 갖추게 될 것이다.

더 나아가 우리의 고용 여부는 함께 일하는 "다른 이들과 좋은 관계"를 맺느냐의 여부에 달려 있다. 안타깝게도 탁월한 기술을 가진 능력자 가운데 인간관계 기술이 부족한 탓에 직장생활을 오래 유지하지 못하는 경우가 있다. 같은 직종의 경험 많은 선배라면 후배가 인간관계 기술을 익히게 도우며, 대인관계를 활용해 자기 실력을 발휘할 방도를 찾게 도울 수 있다. 후배의 진보를 확인한 선배는 적당한 재목을 찾고 있는 동료에게 그 후배를 추천해 주고 자신의 도움으로 지금까지 그가 키워온 실력을 보증해 줄 수 있다.

평생 제자도는 우리가 "자기 자신과의 생동하는 관계"를 키울 수 있게 도와 준다. 일을 한다는 것은 하나님의 형상을 반영하는 것의 일환이기 때문이다. 창세기 1:1에서 하나님이 자신을 일하시는 분(worker)으로 소개하셨음을 기억하라. 하나님의 형상을 지닌 우리가 일할 기회를 만들고 우리의 필요를 공급할 때, 그것은 우리 안에 내재된, 일하시는 하나님을 반영하는 능력에 기초한 것이기에, 우리를 존엄한 존재로 만들어 준다. 본질적으로 노동은 우리에게 성취감과 자존감을 주어 건강한 자아상을 갖게 한다.

마지막으로 평생 제자도의 가장 기초는 "하나님과의 관계"다. 같은 직종에서 만난 경험 많은 선배가 신참 후배를 사심 없이 섬긴 후에는, 후배에게 복음을 전할 기회가 열린다. 그렇게 하나의 관계에 치유가 일어나면 (앞에서 언급한) 다른 관계에서도 마찬가지 결과가 나타날 수 있다. 일반 은총을 통해서도 이런 관계 개선을 기대할 수 있지만, 그럼에도 (이 땅의 것과 영적인 것 모두에서) 진정한 회복이 있으려면 우리가 먼저 새로운 피조물이 되어야 한다. 스스로가 구원받은 존재임을 인정한 후에야 비로소 우리는 하나님 나라에서 인정받는 존재, 하나님의 사명을 증거하는 존재, 그리고 하나님의 형상을 온전히 반영하는 존재로서 일을 시작할 수 있다. 일하는 자들은 그리스도의 제자가 되고 나서야 비로소 주님께 하듯 일한다는 게 무슨 의미인지 경험할 수 있을 것이다. 그리스도를 따르는 것은 이웃에 대한 사랑, 자기 자신과의 화목, 그리고 하나님의 세상을 아는 지식을 키워 가는 충실한 일꾼이 되기 위한 필요조건이다.

결론

일꾼으로서 우리에게 주어진 부르심은, 하나님 나라의 온전함을 우리의 안내자로 삼아, 우리의 일 안에 숨겨진 잠재력, 그리고 우리 주변 사람들 안에 숨겨진 잠재력을 계발하라는 것이다. '일'을 통해 이루어지는 섬김의 사역은 우리가 몸 담은 조직, 업무 과정, 관계 맺는 사람들을 발전시킨다. 이것이 바로 창세기 1장의 문화 명령이 요구하는 바다.

적용을 위한 질문

- 하나님 나라가 무엇이라 생각하는가? 하나님 나라가 그동안 당신이 갖고 있던 '일'에 대한 생각에 어떤 변화를 일으켰는가?
- 선교(missions)와 사명(mission)의 차이는 무엇인가?
- 당신이 일하는 곳에서도 제자도 과정을 실천해 볼 수 있는가? 어떤 방법이 동원 가능한가?

추천 도서

Bavinck, Herman. *Our Reasonable Faith*. Grand Rapids: Eerdmans, 1956.

Moore, Russell. *Onward: Engaging the Culture without Losing the Gospel*. Nashville: B&H Publishing Group, 2015.

Morgan, Christopher W., and Robert A Peterson, eds. *The Kingdom of God*. Wheaton, IL: Crossway, 2012.

Forster, Greg. "Theology that Works: Making Disciples Who Practice Fruitful Work and Economic Wisdom in Modern America." The Oikonomia Network, 2013.

Bonhoeffer, Dietrich. *Discipleship*. Ed. Martin Kuske and Ilse Tödt. Trans. Barbara Green and Reinhard Krauss. Minneapolis: Fortress Press, 2001.

6. 앞으로 가야 할 길

그러면 우리는 이제 어디로 가야 하는가? 이 책을 읽고 나서, 책이 제안하는 바를 일상에서 실천해 보겠다는 뚜렷한 생각 없이 그냥 잊고 말기가 쉽다. 정작 실천하겠다는 마음을 먹었더라도 그 방법은 어떤 직종에서 일하느냐에 따라 다를 수 있다. 그럼에도 깨어 있는 모든 시간이 하나님의 것이라는 자세를 일터와 일터 너머의 일상에서 구체화하기 위한 여러 방법을 세 가지 범주로 나눠 소개해 보겠다.

성경이 일을 어떻게 이해하는지 복습하기

일이란 피조물인 우리가 하나님의 피조 세계로 행하는 모든 것이다. 소명은 우리 자신을 다른 이들에게 유용한 존재로 만드는 하나 또는 그 이상의 길이다. 더 나아가 일은 소명이라는 장갑을 움직이는 손이다.

지혜로우신 하나님은 손수 창조하신 세상이 자기 형상을 따라 창조된 사람들에 의해 경영되도록 구상하셨다. 하나님의 청지기인 우리는 일을 통해 하나님의 세상을 관리하고 돌본다. 어떤 일에든 종사한다는 것은 하나님의 피조 세계와 상호작용한다는 의미다. 필연적으로 우리는 피조 세계를 하나님 쪽으로 향하게 하든, 하나님에게서 멀어지게 하든 할 수밖에 없다. 우리의 일은 하나님의 세상에서 하나님의 길을 진작시킬 수도, 어리석음의 길을 조장할 수도 있다. 이는 우리가 부름 받은 삶의 모든 영역에서 변함없는 진리다.

우리의 믿음을 일에 통합하려면 출발점, 종착점(혹은 텔로스), 그리고 그 두 지점 사이의 길을 고찰하는 것으로 시작해야 한다. 잠언 1:7과 9:10은 여호와를 경외하는 것이 모든 올바른 지식과 지혜의 시작이라고 가르친다. 경외라는 이 문턱을 넘으려면 오직 하나님만이 하나님이실 뿐 우리는 하나님이 아니라는 바른 인식과 겸손이 필요하다. 즉, 우리의 (일을 포함한) 삶의 여정은 주 되신 그리스도에 대한 신앙고백, 그리고 그분의 길로 행하고자 하는 헌신과 더불어 시작된다(신 10:12).

다음으로 우리는 하나님 사랑과 이웃 사랑이라는 이중의 사랑을 최종 목표로 설정한다. 하나님 사랑과 이웃 사랑은 언제나 옳다. 그래서 예수님은 이 두 사랑이 가장 큰 계명이라고 말씀하셨다. 그런 만큼 하나님 사랑과 이웃 사랑은 우리가 하는 모든 종류의 일에서 드러나야 한다. "내가 하는 일에서 하나님과 이웃을 가장 잘 사랑하려면 어떻게 해야 할까?"라는 질문을 던진다면 믿음과 일을 통합시키는 올바른 방향을 알게 될 것이다. 게다가 이 질문을 보다 진지하게 고려한다면 이웃 사랑을 두루뭉술하게 적용하는 태도를 피하며, 각 사람, 시간, 장소, 소명과 상호작용하여 이 두 가지 사랑을 구체적으로 실천하는 데 도움을 얻을 것이다.

일의 출발점과 종착점을 제대로 설정한 후에야 우리는 그 사이의 길을 고찰할 수 있다. "의의 길"은 우리 삶 전체를 아우른다. 우리는 길과 진리요 생명이신 분, 그리스도로 알려지기 전까지 목수였던 분의 길로 행한다. 이 길은 우리가 하나님, 타인, 우리 자신, 그리고 피조 세계와 어떻게 관계를 맺어야 하는지 알려 준다. 하나님의 세상에서 청지기로 살아가는 우리는 의의 길을 비즈니스, 정치, 조경, 경제, 교육, 공학, 과학기술, 예술, 가정, 의료 등 문화 전반에 걸쳐, 그리고 우리가 발딛는 모든 직업 가운데 적용해야 한다.

나(벤저민)는 나의 삶에 최소한 다섯 가지의 부르심 혹은 소명이 있다고 생각한다. 나는 그리스도, 내 가족, 내 교회, 가르치는 직업, 그리고 내 이웃에게로 부름 받았다. 이 각각의 부르심은 저마다 일을 요구한다. 그 대가로 돈을 받는 부르심은 한 가지뿐이지만 말이다. 그럼에도 불구하고 나는 언제든 이 중 한두 가지 소명을 통해 하나님의 세상과 관계를 맺고, 내 손, 발, 마음, 입으로 하는 모든 일을 통해 하나님의 길이 조성되기를 기도한다.

마지막으로 우리의 일 안에서 믿음이 작용하는 역할을 기억해야 한다. 우리는 우리의 구원이 그리스도 안에서 믿음으로 말미암아 임하며, 이는 하나님이 주시는 선물이라는 사실을 믿는다(엡 2:8-9). 더 나아가 에베소서 2:10은 우리가 선한 행위(works, 개역개정, "선한 일")를 위해 창조된다고 가르친다. 이는 믿음이 선물로 주어진 결과로 임하며, 이 선한 행위는 단순히 영적인 것만은 아닐 거라고 믿는다. 하나님이 지으신 물리적 세계를 책임지는 물리적 존재로서 우리는 우리 안에서 일하시는 성령의 능력이 영적인 일과 물리적인 일 모두에서 영향을 미친다고 합리적으로 결론 내릴 수 있다. 이러한 관점에서 비춰볼 때, 우리는 삶의 모든 활동 가운데, 고린도전서 10:31에 기록된 바울의 권면을 실천한다. "그런즉 너희가 먹든지 마시든지 무엇을 하든지 다 하나님의 영광을 위하여 하라."

복음과 일의 조화를 모색하는 교회 지도자

교회 지도자들의 중요 역할 중 하나는 그리스도인들이 만물을 주관하시는 하나님의 경륜을 따라 각자가 (섬김의 일을 감당하는) 사역자의 역할로 부름 받았음을 깨닫도록 돕는 것이다. 목회자들이 일하는 교인들과 관계를 맺을 때 고려해야 할 일곱 가지를 제안하려 한다.

첫째, "사역의 일을 위해 성도를 준비시키는"(엡 4:12, 개역개정, "성도를 온전하게 하여 봉사의 일을 하게 하며") 게 무슨 의미인지 다시 생각해 보라. 여기서 바울이 언급한

"성도"는 목사, 교사, 그리고 11절에 언급된 사람들이 아니라, 사역자로 불리며 신도석에 앉은 성도들을 가리킨다. 그들이 맡은 사역은 무엇인가? 지역 교회에 봉사하는 것인가? 그것도 물론 해당하지만, 여기서 바울이 말하는 사역은 지역 교회를 초월해 하나님 나라 전반을 세워 가는 것이라고 믿는다. 이는 비즈니스, 교육, 리더십, 목공, 예술, 가사 등과 같이 하나님 나라 안에서 은사를 겸비한 성도들이 왕의 길을 적용하고자 하는 모든 영역에 주어지는 선물이다. 그렇다면 목회자는 교인들의 소명 문제에 전문가가 되어야 하는가? 물론 그렇지는 않다. 다만 목회자는 주일 소그룹보다는 월요일의 일터를 염두에 두고 "성도를 준비"시키는 것을 고려해야 한다.

둘째, 사역자 명단에 모든 신자가 포함되도록 용어를 조정하는 것을 고려하라. 에베소서 4:12뿐만 아니라 고린도후서 5:18 역시 그리스도의 몸에 속한 모든 신자가 사역자라는 사실을 강조하지만, 많은 교회에서 목회자와 교인 사이에 여전히 넓은 간극이 존재한다. 그러나 성도라면 누구나 자신의 일터에서 그리스도인 사역자라는 점을 일깨울 때 이 간극은 줄어들 수 있으며 당연히 그래야 한다. 이는 주일뿐만 아니라 월요일에서 토요일까지, 즉 깨어 있는 모든 시간, 모든 장소, 모든 활동이 신성함을 의미한다. 일은 본래 선하고 의미 있는 것으로 존중되어야 한다. 단지 복음 증거와 선교의 수단으로만 여겨져서는 안 된다. 실제로 동료들에게 그리스도를 전하는 것도 중요하지만, 더 나아가 직무와 관련해 그리스도인의 탁월함, 청지기 의식, 신실함 등을 보여 주어야 함을 역설해야 한다.

셋째, 성도의 사역이 영적인 일 그 이상임을 강조하라. 3장에서 논의한 도로시 세이어즈의 글, "왜 일하는가?"에서 인용한 말을 기억하고, 이런 사고방식이 일터에서 어떻게 사람들의 능력을 향상시킬 수 있을지 생각해 보라.

넷째, 교인들의 일터를 찾아가 보라. 목회자가 교인들의 일을 존중하고 인정하기 위해서라면 교실로, 대리점으로, 창고로, 논밭으로 심방 가는 것만 한 게 어디 있겠는가? 더 나아가 일터에서 겪는 어려움을 이해하고 해결 방법을 모색하고자 할 때, 이들의 일터를 직접 가 보면 복잡한 상황에 걸맞은 지혜를 더 잘 전해 줄 수 있을 것이다. 주간 계획을 세울 때 일주일에 한 곳씩 교인들의 직장을 심방해 자신의 성도가 어떤 일을 하는지, 즉 어떻게 섬기고 있는지 알아가는 시간을 가지라.

다섯째, 성도가 자신의 일이 하나님의 장대한 경륜에 어떻게 기여하는지 확인하는 데 도움이 될 만한 질문을 하라. 목사, 선지자, 사도, 교사가 아닌 성도도 섬김의 일을 통해 사역자로 부름 받은 게 사실이라면, 그리고 그리스도가 만물을 창조하셨고 만물에 대해 권위를 갖고 계신 게 사실이라면, 우리네 교인들이 종사하는 다양한 직업들은 어떻게 하나님의 사명에 기여하고 참여하는가? 각 직업은 영적인 면과 물질적인 면에서 만물을 어떻게 더 선하고 참되고 아름답고 바르고 의롭고 지혜롭게 하는가? 이런 질문을 던지고 답변하다 보면 각자의 직업에 담긴 의미와 내재적 가치가 드러날 것이다.[1] 일터에서 각자가 하고 있는 일이 왜 중요한지 신자들이 깨닫게 돕는다면 이 얼마나 의미 있는 섬김인가!

여섯째, 다양한 소명을 따라 일하는 성도들을 위해 공개적으로 기도하라. 교회들은 흔히 다른 지역, 다른 나라 사람들을 섬기라고 선교사를 파송하면서 이들을 위해 공개적으로 기도한다. 하지만 회중으로 불리는 다른 나머지의 사역자들을 위해서는 왜 기도하지 않는가? 교회가 목회자와 선교사를 위한 공개적인 기도를 그만두어야 한다는 말이 아니라, 정비사, 집배원, 경찰관, 소방관, 예술가, 정치인, 교육자도 각자가 부름 받은 사역의 본분을 이행하므로 이들을 위해서도 함께 기도해야 한다는 뜻이다. 이번 학기 초 노스캐롤라이나의 한 지역 교회에서 공립학교 교사들을 위해 기도할 때, 나는 교실에서 학생들을 섬기고 있는 신실한 남녀 선생님들의 눈에 눈물이 맺히는 것을 보았다.

마지막으로 교인들이 각자의 자리에서 다양한 형태로 수행하는 자신만의 사역을 세상 속 하나님의 사명과 연결할 수 있도록 자원과 기회를 제공하라. 신앙과 일을 조화시키도록 돕는 책, 웹사이트, 센터들이 다양하게 존재한다.[2] 하지만 이를 추천하는 데서 멈추지 말라. 주일학교, 소그룹, 설교나 강의 등을 통해 이런 논의들을 교회 안에 깊숙이 접목시킬 방법을 고려해 보라.

일에 대한 올바른 이해로 다음 세대 양육하기

다음 세대가 믿음과 일에 대해 바른 생각을 갖도록 돕는 것은 반드시 해야 할 일이다. 이 주제에 관한 어린이용 도서를 집필하고 교육과정을 짜는 일은 우리보다 훨씬 더 유능한 분들이 해야 마땅하다. 그럼에도 불구하고 어린이와 청소년에게 일과 소명에 대한 건전한 이해를 가르칠 때 유용한 다섯 가지 아이디어가 있다.

첫째, 하나님의 세상에서 살아갈 때 하나님 사랑과 이웃 사랑이 무엇보다 중요하다는 예수님의 말씀을 계속 강조해야 한다. 그 말씀이 옳다면 이는 삶의 모든 부분을 위한 확실한 방향 지침이며, 아무리 강조해도 결코 지나치지 않다.

둘째, 다음 세대가 지닌 재능과 능력은 하나님이 주신 것으로 세상에서 하나님의 길을 놓기 위한 것임을 가르쳐야 한다. 우리 시대의 문화는 운동 능력, 음악적 재능, 학업 능력을 높이 산다. 하지만 격려, 환대, 행정, 리더십, 창조력, 건축, 과학, 가르침 등의 재능도 중요하게 여길 수 있지 않겠는가? 이런 능력을 비롯해 다른 많은 능력들도 하나님이 주신 선물로서 천국에서와 마찬가지로 이 땅에서 하나님 나라를 세우는 데 유용하다.

셋째, 하나님이 창조하신 세상의 영적인 면과 물질적

인 면 모두가 선하다는 데 호기심을 품도록 독려해도 좋다. 성경은 세상이 지혜로 지어졌다고 가르치며, 그 지혜는 피조 세계의 씨줄과 날줄로 엮여 있다. 그래서 피조 세계를 관찰함으로써 우리는 창조주에 관해서는 물론 피조 세계를 살아가는 법에 관해 배울 수 있다. 우리는 창조주보다 피조 세계를 높여 숭배하는 행위를 늘 경계해야 한다. 하지만 올바로 질서 잡힌 예배를 드린다는 전제 아래 우리는 하나님의 세상을 탐구하고 이해하고 돌보도록 서로 독려할 수 있다.

넷째, 어린 자녀가 고린도후서 5:17-18을 암송하도록 지도할 수 있다. "그런즉 누구든지 그리스도 안에 있으면 새로운 피조물이라 이전 것은 지나갔으니 보라 새 것이 되었도다 모든 것이 하나님께로서 났으며 그가 그리스도로 말미암아 우리를 자기와 화목하게 하시고 또 우리에게 화목하게 하는 사역(ministry, 개역개정 '직분')을 주셨으니." 이 말씀으로 우리 아이들이 "신자는 모두 섬기는 일로 사역의 부르심을 받았다"는 사실을 늘 기억하게 하자. 실제로 그리스도인이라면 누구나 다 사역자다.

다섯째, 자녀들에게 복음 증거와 사명의 중요성을 강

조하자. 여기서 복음 증거란 그리스도의 복음을 들어보지 못했거나 믿지 않는 사람들에게 이를 말로 전하는 것이다. 또한 사명이란 예수님이 이제와 영원히 왕이시라는 좋은 소식과 조화를 이루는 삶의 방식을 말한다. 입으로 그리스도를 말하고 손과 발로 그리스도를 제시하는 것이 이 땅에서 사명을 다하는 삶의 특징이다. 이는 "이것이냐 저것이냐"의 문제가 아니라 "이것과 저것 둘 다"의 문제다.

이 방법을 통해 다음 세대에 진리를 전하는 중요한 대화의 물꼬를 틀 수 있기를, 그리고 누구보다 먼저 자기 자녀와 손주에게 이 진리를 전할 수 있기를 바란다.

누구와 함께 일해야 할까? 협력의 틀 짜기

> 본질에서는 일치를,
> 불확실한 문제에서는 관용을,
> 모든 일에 자비를.[1]
> **교황 요한 23세**

몇 년 전, 나(벤저민)는 신학자이자 C. S. 루이스 전문가인 자네트 시어스의 안내를 받아 역사적으로 유명한 영국의 옥스퍼드를 둘러보았다. 시어스 박사가 소개한 이 투어의 특징은 루이스와 그의 친구들 J. R. R. 톨킨, 찰스 윌리엄스, 오언 바필드 등으로 구성된 유명한 모임, 잉클링스(Inklings)를 중심으로 옥스퍼드를 보여 준다는 점이다. 그날 우리의 일정은 잉클링스가 즐겨 모이던 이글 앤 차일드 주점에서 마무리될 예정이었다. 이 주점에는 이들을 기리기 위해 기념 명판과 사진 몇 점이 걸려 있었다.

이글 앤 차일드로 가던 중 일행 중 하나가 "루이스는 성공회 교인 아니었습니까?"라고 시어스 박사에게 물었다. 시어스 박사는 맞다고 대답했다. "톨킨은 가톨릭 교인 아니었나요?" 시어스 박사는 역시 맞다고 대답했다. "신앙이 그렇게 다른데 두 사람은 어떻게 함께 어울리면서 협력할 수 있었을까요?" 이 질문에 시어스 박사는 망설임 없이 대답했다. "두 사람은 서로 다른 점이 아니라 일치하는 점에 집중하기로 일찌감치 약속했거든요."

그리스도인들이 믿음과 일을 조화시키기로 마음먹을 때 다른 사람과 협력하는 부분에 대해 곧 고민하게 될 것이다. 침례교인이 직장에서 감리교인이나 장로교인과 함께 아침 성경공부를 해도 괜찮냐는 질문을 자주 받는다. 몇몇 침례교인이 자기도 정확한 이유는 모르겠지만 성공회 교인이나 가톨릭 교인과의 협력은 생각조차 할 수 없다고 말하는 것을 여러 번 들었다. 어떤 이들에게는 이런 말이 어리석고 무지하게 들릴 것이다. 그러나 또 어떤 이들에게 이는 그리스도를 높이고자 하는 정직한 열망에서 나오는 진지한 고민일 수 있다.

그리스도인은 의로운 목적을 위해서라면 다른 기독교 전통에 속한 신자들은 물론 다른 종교인이나 비종교인과도 협력할 수 있으며 마땅히 그래야 한다는 것이 우리의 생각이다. 다른 기독교 전통에 속한 사람들과 함께 하는 일은 '선교적'(missional) 협력으로, 다른 종교인이나 비종교인들과 함께 하는 일은 '도덕적'(moral) 협력으로 부르겠다. 선교적 협력은 공교회성(catholicity)과 일맥상통하는 반면,[2] 도덕적 협력은 그리스도인이 때로 다른 종교인이나 비종교인들과 함께 하는 도덕적 연대와 관련 있다.

궁극적으로 이 부록에서는 공교회성과 연대의 모델을 제공하려 한다. 먼저 우리 일의 목표를 기억하는 것부터 시작해, 다른 사람들이 이미 하고 있는 일을 인식하는 게 중요함을 강조하고, 마지막으로 선교적 협력과 도덕적 협력이 일터에서나 일터 너머에서 어떤 모습으로 나타날 수 있을지 생각해 보겠다.

교황 요한 23세는 1959년에 발표한 회칙 〈베드로 좌를 향하여〉(Ad Petri Cathedram)에, 앞에서 인용한 글을 기록했다. "본질에서는 일치를, 불확실한 문제에서는 관용을, 모든 일에 자비를." 이 부록에서는 바로 이와 같은 정신을 말하고자 한다. 그렇다고 해서 협력을 위해 그리스도인들이 핵심 신념을 포기해야 한다는 말은 아니다. 오히려 우리는 기독교의 핵심 신념이 역사적 기독교의 정통 신앙에서 나오며, 따라서 교파와 전통을 초월한다고 믿는다. 그래서 이런 공통의 확신은 선교적 협력을 위한 길을 닦아 준다. 더구나 기독교의 핵심 신념에는 일터와 일터 너머에서 사랑, 공의, 자비를 증진시킬 의무가 포함된다. 다른 종교인이나 비종교인들도 사랑, 공의, 자비 같은 가치를 공유할 때가 있기에 이는 의로운 목적을 위해 도덕적 협력을 할 기회가 된다.

교리를 양보하는 일을 막기 위해서는 처음부터 우리 협력의 목적을 명확히 해야 한다. 그래서 무엇보다 먼저 하나님의 세상에서 우리 일의 텔로스를 다시 생각해 보겠다.

목표를 염두에 두기

4장에서 이야기했다시피, 그리스도인의 삶의 텔로스(목적 또는 목표)는 다면적이다. 먼저, 만물의 창조자이신 하나님이 하나님의 세상에서 살아갈 때 가장 중요한 것은 하나님 사랑과 이웃 사랑이라고 역설하셨다면, 그것이 우리 일의 목적이 되어야 한다. 진실로 그리스도를 통해 만물이 창조되었고(요 1:3) 그분이 "율법의 마침(텔로스)"(롬 10:4)이며, 우리는 그리스도를 닮고 "그에게까지 자랄지라"(엡 4:15)는 부름을 받는다.

그래서 일터에서 우리는 업무, 관계, 책임, 회의, 커피 자판기 앞에서의 대화에 이르기까지 모든 면에서 하나님 사랑과 이웃 사랑이라는 목적을 지향해야 한다. 그리고 그 시작은 "그리스도의 대계명으로 동력을 얻은 사랑은 지금 당장 어떤 모습으로 나타날까?"를 묻는 것이다. 이런 질문은 하나님 아버지께 이렇게 기도하라고 가르치신 예수님의 말씀을 상기시킨다. "나라가 임하시오며 뜻이 하늘에서 이루어진 것 같이 땅에서도 이루어지이다"(마 6:10).

여기 이곳에서 천국 시민으로 살아가는 우리는 삶의 모든 영역에서, 그 중에서도 특히 일터에서 하나님과 이웃을 향한 사랑을 드러내야 한다. 하나님과 이웃을 향한 우리의 사랑이 말과 행동 속에 점점 커져갈 때, 그리스도의 향기가 우리 주변 신자와 불신자 모두에게 퍼져 나가며(고후 2:15) 이를 통해 이들이 왕되신 하나님께로 나와 영원히 그분과 동행하게 될 것이다.

말과 행동

이렇듯 텔로스를 염두에 둔 상태에서 이 목적을 위해 말과 행동으로 협력할 기회를 찾는 게 좋다. 물론 모든 사람이 저마다 다른 환경에서 일하기는 하지만 주변에서 기회를 찾아보는 건 어떨까? 대부분의 기회는 두 범주로 나뉜다. 복음 증거, 제자 훈련, 그리스도와 신실하게 동행하도록 권면하기 등과 같은 선교적 범주에 속하거나, 아니면 사랑, 정의, 자비, 선, 진리, 아름다움 등을 독려하고 증진하는 도덕적 범주에 속하거나 둘 중 하나다.

선교의 기회라 하면 신자와 불신자 모두를 대상으로 하는 주간 기도회나 점심시간을 이용한 성경공부 등을 떠올릴 것이다. 이러한 노력을 통해 적지 않은 사람이 그리스도께 회심했으며, 믿음을 회복하고 섬김에 대한 동력을 얻은 사람은 그보다 많다. 이뿐 아니라 선교적 협력은 신실한 자세로 실제 노동에 임하는 모습으로도 드러날 수 있다. 그리스도인, 특히 복음주의자들에게는 일터에서 직장인들이 참여하는 아침기도회와 점심시간 성경공부라는 놀라운 역사가 있으며, 나는 이 역사에 크게 도전받는다. 하지만 우리가 자기 업무에서 탁월함을 추구해 온 역사는 빈약하다.

내 어머니는 〈포춘〉지 선정 100대 기업 중 한 곳의 인사과에서 25년 넘게 근무하셨다. 직무가 그렇다 보니 어머니는 더할 나위 없이 훌륭한 사람도 만나고 그와 반대인 사람도 만나 오셨다. 어머니는 이런 말씀을 자주 하신다. "그리스도인이 직장에서 어떻게 일하는지 알면 놀랄 거다. 내가 알기로 교회에서는 참 경건한 사람이 주중에는 전혀 다른 얼굴이 되지."

그 말을 처음 듣고 나는 고개를 들지 못했다. 그리스도인은 직장인 중에서도 최고의 일꾼이어야 한다. 기업들은 그리스도를 따르는 이들을 가능한 한 많이 고용하기 위해 교회의 문을 두드리고 다녀야 한다. 그리스도인은 성품이 고결하고 성실하기 때문인가? 그렇다. 하지만 그게 전부는 아니다. 그리스도인은 역량이 뛰어나기 때문이기도 해야 한다. 도로시 세이어즈는 "일꾼이 아무리 경건하다 하더라도 일 자체에서 진실하지 못한 것을 상쇄할 수는 없다. 무슨 일이든 그에 준하는 솜씨가 누락돼 있다면 그 자체로 살아 있는 거짓에 불과하기 때문"[3]이라고 했는데 참으로 맞는 말이다.

그리스도인이 하는 일은 기술 면에서 효율성과 탁월성을 겸비하여 견실하고 진실하다고 소문이 나야 한다. 실력이 뛰어난 한 바비큐 요리사에게 정말 신경 쓰이는 것 한 가지가 뭐냐고 묻자 그는 이렇게 대답했다. "값 싸고 그저 그런 맛의 바비큐를 파는 식당이죠. 바비큐 요리의 진가를 모르는 사람들입니다." 나는 그 요리사의 대답에 "아멘" 했고, 그가 그리스도의 제자라는 사실을 알고 한층 더 흥분되었다. 모든 직종에 그 요리사 같은 사람이 많아지기를. 특히 바비큐 식당에!

다른 사역자들의 존재 인식하기

데이비드 밀러는 자신의 저서 『일하시는 하나님』에서 "일터 신앙"(Faith at Work) 운동이 어떻게 발전해 왔는지 추적한다. 1891년 자본과 노동에 관해 교황 레오 13세가 발표한 회칙 〈새로운 사태〉(Rerum Novarum)는 밀러가 세

차례 변화의 물결 가운데 이 운동의 역사를 추적하는 출발점 역할을 한다. 첫 번째 물결은 사회복음 시대(1890년대-1945년)였고, 두 번째는 평신도 사역 시대(1946-1980년)였으며, 세 번째는 일터 신앙 시대(1980년대-현재)다.[4]

밀러의 책에서 가장 인상적인 측면으로 손꼽히는 것은 일터 신앙 운동이 얼마나 폭넓은지 보여 준다는 것이다. 수십, 수백 개의 교파, 유사 교회 조직, 비영리 단체, 기독교 관련 단체, 신학교, 지역교회가 주일과 평일 사이의 간극을 메우려는 전략적 사역을 개발하고 이를 주도해 왔다. '비즈니스 애즈 미션'(Business as Mission)[5] 같은 운동은 사역의 초점을 광범위하게 맞추는 반면, '크리스천 셰프 인터내셔널'(Christian Chefs International)[6] 같은 단체는 비교적 특정 직종에 집중한다. 이 운동의 범위가 어느 정도인지 보여 주기 위해 아래와 같이 몇 가지만 정리해 봤다.[7]

대학

- 프린스턴 대학교―믿음과 일 이니셔티브(Faith & Work Initiative)

- 예일 대학교―믿음과 문화 센터(Center for Faith &

Culture), 일터에서의 윤리와 영성 프로그램(Ethics & Spirituality in the Workplace Program), 미로슬라브 볼프의 저서 『일과 성령』(*Work in the Spirit: Toward a Theology of Work*, IVP 역간)

신학교

- 사우스이스턴 침례 신학교
- 고든 콘웰 신학교—일터에서의 믿음과 윤리를 위한 모클러 센터(Mockler Center for Faith & Ethics in the Workplace)
- 베델 신학교—목적 이니셔티브와 함께 하는 일(Work with Purpose Initiative)
- 필립스 신학교—믿음과 일 이니셔티브(Faith & Work Initiative)
- 댈러스 신학교—"당신의 일은 보수보다 중요하다" 컨퍼런스("Your Work: More Than a Pay-check" Conference)

단체

- 크루(Campus Crusade)—비즈니스 리더들을 대상으

로 하는 우선순위 연합(Priority Associates)

- YWAM—선교로서의 비즈니스(Business as Mission)

- InterVarsity—마켓플레이스 미니스트리(Marketplace Ministry), MBA 미니스트리즈(MBA Ministries)

- 네비게이토—네비워크플레이스(NavWorkplace)

- 오이코노미아 네트워크(Kern funded) —http://oikonomianetwork.org

- Act3 네트워크

- 미국 사목 연합

- C12 Group

- 빌리 그레이엄 트레이닝 센터—크리스천 경영인 리더십 포럼(Christian Executive Leadership Forum)

- CEO 협회(The CEO Institute)

- 우드스탁 비즈니스 컨퍼런스(Woodstock Business Conference)

교파

- 로마 가톨릭—레가투스(Legatus)

- 메노나이트— 메노나이트 경제 발전 연합(Mennonite

Economic Development Associates), 그리고 여기서 발
간되는 잡지, 〈*The Marketplace*〉

교회

- 뉴욕 리디머 장로교회—믿음과 일 센터(Center for Faith & Work)
- 텍사스 샌안토니오, 세인트 마크 성공회 교회—성 베네딕트 워크샵(St. Benedict's Workshop)

웹사이트

- http://www.theologyofwork.org
- http://www.oikonomianetwork.org
- http://www.faithandwork.com
- http://www.washingtoninst.org
- http://tifwe.org

이 책을 읽는 많은 독자들이 일터에서의 신앙에 대해
깊이 생각하고 일과 신앙을 조화시키려는 동기를 부여받
게 되기를 기도한다. 일터에서 새로운 섬김을 시작하기

원하는 이들이 있을 것이다. 아니면 교회에서 다양한 직업군에 종사하는 사람들을 모아 일과 신앙을 어떻게 연결할 수 있을지, 그리고 하나님과 이웃을 사랑하기 위해 어떻게 좀 더 효율적으로 일할 수 있을지 고민하는 모임을 꾸리려는 사람도 있을 것이다. 어떤 계획을 세우든(선택은 무한하다), 다음 두 가지를 유념하는 게 중요하다.

첫째, 세상을 회복하는 일은 오로지 우리의 재능이나 사역의 효율성에만 달려 있지 않다. 예수님이 세상에서 자신의 뜻을 이루시는 것은 우리 없이도 가능한 일이다. 정신이 번쩍 들면서도 마음이 놓이지 않는가? 물론 예수님은 하나님 나라의 복음을 전파하기 위해 우리를 여러 모습으로 들어쓰기로 하셨다. 우리의 수고가 반드시 필요한 것이 아님에도 불구하고 그분이 우리를 사용하시는 것은 전적으로 은혜에 따른 선택이다. 이러한 관점에서 볼 때 우리는 일과 사역에 매진하면서도 늘 겸손해야 하며 우리만의 왕국으로 그리스도의 나라를 가리지 않도록 주의해야 한다.

둘째, 먼저 온 다른 이들의 사역이 나의 사역과 겹칠 때가 있다. 다른 이들이 먼저 와서 내가 운신할 터가 사라

졌다는 생각이 들면, 천성적으로 우리 안에 경쟁심이 불타오르곤 한다. 대부분의 경우 다양한 사역을 위한 공간이 충분할 텐데 무지, 텃세, 교만 등으로 인해 협력할 기회를 놓치기도 한다. 하나님 나라의 영향력을 확대하기 위해 수많은 프로그램, 기관, 사역단체, 센터, 비즈니스 등이 이미 존재한다는 것을 인식하길 바란다.

이들에 대한 우리의 첫 반응이 경쟁심으로 조바심 내는 것이어서는 안 된다. 그보다는 이들의 지혜와 경험으로부터 많은 것을 배울 수 있으리라 기대해야 한다. 가능하다면 기꺼이 협력하려는 자세를 가지라. 유사한 목표를 가진 직장 내 모임이나 단체와의 협력이 불가능하거나 최선이 아닐 때에는, 우리와 마찬가지로 하나님 나라를 위해 수고하는 그들을 위해 기도하고 격려하기로 결단하라.

그런데 누가 우리의 협력 대상이 될 수 있을까? 어떤 토대와 목적을 가졌을 때 교파, 전통, 신앙적 한계를 뛰어넘어 손을 내미는 게 허용될까? 이런 결정에 대해 어떻게 접근해야 할까?

선교를 위한 협력과 도덕적 협력에 접근하는 방식

공교회성–선교를 위한 협력

그리스도인에게는 적어도 두 가지의 협력 방식이 존재한다. 그것은 선교적 협력과 도덕적 협력이다. 선교적 협력은 공교회성에 부합하는 것으로, 세상에서 그리스도의 사명을 이루기 위해 교파나 전통을 초월해 일하기로 뜻을 모으는 것을 말한다. 여기서 우리는 선교적 협력이 이루어지는 중심축으로서의 핵심 교리를 가리키는 말로 '공교회적'(catholic)이라는 표현을 전략적으로 사용한다.

연합을 비롯한 다른 여러 대의를 위해 교리에 대한 충성심을 버리면서까지 협력한 사례는 무수히 많다. 하지만 우리가 생각하기에 선교적 협력은 이 일에 관련된 사람들이 교리를 주변으로 밀어내는 게 아니라 교리를 중심에 두기로 합의할 때 비로소 최고의 효과를 낼 수 있다. 교파의 노선을 초월해 일할 때 어떻게 하면 이런 의견 일치를 볼 수 있을까? 그 방법은 과거를 돌아보고 고대의 신앙고백을 중심으로 다시 모이는 것이다.

예를 들어 사도신경은 4세기 말로 거슬러 올라가, 기

독교 신앙의 중심 교의가 무엇인지 보여 준다.

나는 전능하신 아버지 하나님, 천지의 창조주를 믿습니다.
나는 그의 유일하신 아들, 우리 주 예수그리스도를 믿습니
다. 그는 성령으로 잉태되어 동정녀 마리아에게서 나시고,
본디오 빌라도에게 고난을 받아 십자가에 못 박혀 죽으시
고, 장사된 지 사흘 만에 죽은 자 가운데서 다시 살아나셨으
며, 하늘에 오르시어 전능하신 아버지 하나님 우편에 앉아
계시다가, 거기로부터 살아 있는 자와 죽은 자를 심판하러
오십니다. 나는 성령을 믿으며, 거룩한 공교회와 성도의 교
제와 죄를 용서받는 것과 몸의 부활과 영생을 믿습니다. 아
멘.

존 암스트롱은 자신의 저서 『당신의 교회는 너무 작
다』에서 그리스도인들이 과거에서 공동의 토대를 찾아
연합해야 한다고 역설한다. 그는 이렇게 말한다.

그리스도인의 믿음과 삶의 새로운 패턴이 교회 안에 등장하
고 있다. 나는 이런 패턴을 환영하면서도 이 패턴이 무엇보

다 과거에 뿌리를 내려야 한다고 믿는다. 과거란 신조, 은혜의 이야기로 이해되는 하나님 말씀, 예전적 신비로서의 삶, 그리고 뿌리 깊게 형성된 경건을 말한다. 내 논지는 단순하다. 미래로 가는 길은 과거를 통과해야 한다는 것이다. 내 친구인 고(故) 로버트 웨버는 이를 가리켜 "오래된 미래 신앙"(ancient future faith)이라고 했다. 내가 그와 동일한 관점을 갖는 이유는 교회가 과거와 미래에 동시에 뿌리 내려야 하기 때문이다.[8]

사도신경과 니케아 신조는 모든 그리스도의 제자들을 "성도에게 단번에 주신 믿음의 도"(유 1:3)에 단단히 고정시켜 줄 기독교 신앙의 핵심을 제공한다. 이는 우리의 믿음에서 타협의 여지가 없는 요소들이다. 이 요소들은 누군가 침례교인이 되느냐 장로교인이 되느냐 성공회 교인이 되느냐를 결정하지 않는다. 다만 그리스도인이 되게 할 뿐이다. 로마가톨릭, 정교회, 개신교회 모두 이 핵심 교리에 동의한다. 암스트롱은 이렇게 주장한다. "사도신경으로 대표되는 핵심 정통 교리가 중요시되지 않으면, 그 결과 교회를 하찮게 여기게 될 것이다."[9] 우리 사이에 근본적인 통일성이 있기에, 그리고 요한복음 17장에 나오는 연합을 위한 예수님의 기도가 우리 귀에 울리기에, 우리는 선교적 협력이 단지 가능하기만 한 게 아니라 피할 수 없는 명령이라고 믿는다.

또한 이 핵심 교리는 선교적 협력의 범위를 설명해 주기도 한다. 예를 들어, 어떤 사람이 그리스도인이라 주장하면서, 혹은 어떤 단체가 기독교 단체라 주장하면서 그리스도의 신성을 부인한다면, 그 사람이나 단체와 손을 잡는 것은 지혜롭지 못할 뿐만 아니라, 근본적으로 비기독교적인 결정이 될 것이다. 아래에서 논의할 테지만 그런 사람이나 단체와 도덕적으로는 협력할 수 있겠지만 선교적으로는 협력할 수 없다. 그리스도의 신성을 부인하는 사람은 사도들이 증언하는 그리스도가 아닌 다른 그리스도를 경배한다.

이렇게 주장한다고 해서 교파 구분의 중요성을 경시하려는 것이 아니다. 우리는 교회사를 민감하게 의식하고 있으며, 여러 경건한 사람들이 세례와 성찬 등에 대한 특정 견해를 놓고 충돌했다는 것도 잘 알고 있다. 하지만 요한복음 17장에 기록된 예수님의 기도는 그리스도와 그분의 나라, 그리고 그분의 사명을 위해 그리스도인이 가능한 한 언제 어디서든 연합하지 않을 수 없게 한다.

연대—도덕적 협력[10]

얼마 전 사업가인 한 친구를 만나 대화를 나눴다. 그 친구는 세계 기아와 성매매 문제 해결을 위해 미국에 기반을 둔 한 억만장자와 손잡고 일하게 되었다고 했다. 그런데 친구가 조금 긴장된다고 하기에 이유를 물었더니 이렇게 대답했다. "협력 관계를 맺은 그 사람이 힌두교도라네." 친구는 다른 종교를 가진 사람과 파트너가 된다는 게 처음에는 불편했는데, 기아와 성매매가 세상에서 근절되기를 바라는 공통의 소원이 있다는 점에서 위안을 얻었다고 했다.

대화를 마치면서 나는 친구를 지지하고 격려해 주었다. 어떤 목적에 대해 의견이 일치하기는 쉽지만 협력 관계를 맺기로 결정하는 것은 그리 쉬운 일이 아니다. 단순한 실용주의 때문에 곤경에 빠지는 의사결정자들(그리고 정책 결정자들)이 적지 않다. 목적도 중요하지만, 동기, 수단, 방식, 태도도 그에 못지않게 중요하다. 이것들은 어떤 이유로든 없앨 수도, 줄일 수도 없는 핵심 요소다.

동기에 관해 말하자면, 도덕적 협력과 제휴 관계는 같은 곳을 지향해야 한다. 즉, 타인을 향해야 한다. 타인 중심적 태도는 미덕의 문제다. 하나님과 이웃을 향한 이중의 사랑은 우리의 열정이 우리 자신이 아닌 타인을 향하게 한다. 도덕적 협력자들은 오로지 자기 자신만의 유익이 아니라 타인의 유익을 위해 일하기로 마음을 모아야 한다.

수단과 방식은 함께 작용해 협력 작업을 실질적으로 수행한다. "목적이 수단을 정당화하지는 못한다"는 말을 들어 보았을 것이다. 실제로 목적은 수단을 정당화하지 못한다. 마틴 루터 킹 2세는 "우리가 활용하는 수단은 우리가 추구하는 목적만큼 순수해야 한다"[11]고 옳게 말했다. 도덕적 협력을 할 때는 이 중요한 진리를 깊이 생각해 보아야 한다. 우리는 목적이 고결하므로 악한 수단과 방식을 사용해도 되지 않겠느냐는 유혹을 물리쳐야 한다. 하나님 사랑과 이웃 사랑은 비단 우리 일의 목적이라는 측면에만 적용되어선 안 된다. 그 목적까지 이르는 길(수단과 방식)에서 피조물과 피조 세계를 어떻게 대해야 하는가 하는 문제에도 적용되어야 한다.

마지막으로, 태도도 도덕적 협력에 없어서는 안 될 요소로 고려해야 한다. 그리스도를 따르는 이들은 믿음, 소망, 사랑의 태도를 보여야 한다. 특히 믿음과 소망은 참 하나님을 믿는 참된 믿음에 기초한 것으로, 하나님의 백성에게 주어지는 선물이다. 하지만 사랑은 도덕적 협력과 관련해 독특한 요소로 보인다. 비그리스도인 협력자의 믿음과 소망은 예수 그리스도의 존재 및 그분이 세상을 자신과 화목하게 하신 일(고후 5:17-19)에 있지 않고 다른 어딘가에 있다. 하지만 이들의 사랑은 그리스도인의 사랑과 비교적 조화를 이루는 것 같다. 비그리스도인의 타인 중심적 사랑은 비록 근본적으로 무질서하기는 하지만, 특히 그리스도인의 일과 어우러질 때 하나님의 세상에서 진, 선, 미를 증진시키는 데 기여한다. 우리는 이것이 타락한 피조물을 향한 하나님의 일반 은총의 결과라고 생각한다. 원한다면 쉰들러 효과(Schindler effect)라고 불러도 좋다. 이런 자비 행위가 어떤 식으로든 구원과 관계있다고 생각해서는 안 된다. 하지만 이런 행위가 하나님의 세상에서 선을 증진시키지 않는가? 우리는 그렇다고 생각한다.

확신컨대, 이 책의 다른 항목과 마찬가지로 이 부록은 그저 대화의 시작일 뿐이다. 선교적 목적을 위해서든 도덕적 목적을 위해서든 타인과 협력할 때는 많은 지혜와 분별력이 필요하다. 하지만 적어도 우리는 이 책이 하나님의 세상에서 대화를 촉진하고 그분의 공의, 자비, 사랑, 선, 진리, 아름다움을 증진하는 데 유익한 범주를 제공할 수 있기를 기도한다.

부록 B

소명에 관한 질문들

이 책의 목표 중 하나는 독자들이 자신의 신앙과 일 사이에 접점을 만들도록 돕는 것이다. 이를 위해 우리는 일터를 포함해 하나님의 세상 전반에서 효과적으로 기능하는 성경적 세계관의 틀을 마련했다.

하지만 이 책에서 우리가 기울인 노력은 시작에 불과하다. 우리가 무수히 많은 직업에 대해 얼마나 제대로 알겠는가? 그렇다면 우리가 현실적으로 어떤 도움을 줄 수 있을까?

이 부록에서는 세계관이라는 틀 안에서 해답을 찾을 수 있는, 일에 관한 구체적인 질문들을 던져 보려 한다. 독자들의 상상력을 자극해 자신의 신앙을 구체적인 일과 창의적으로 연결하도록 도울 질문들을 마련해 보았다.

딱 떨어지는 정답은 없다. 그저 자기 일에서 사명을 감당할 가능성을 확인하는 데 도움이 되었으면 한다. 가능하다면, 동종 분야에서 일하는 그리스도인들과 그룹으로 모여 함께 고민해 보길 권한다.

기본 직무

1. 나는 구체적으로 어떤 일을 하는가?
2. 나의 일은 회사에서 어느 정도로 중요하가?
3. 내 직무에 따르는 책임을 신실하고 탁월하게 감당하고 있는가? 왜 그렇게 생각하는가?
4. 나보다 다른 이들의 유익을 먼저 생각하는 것(빌 2:3)이 나의 일을 통해서는 어떻게 가능한가? 특히 나와 함께 일하는 이들에게 그렇게 하고 있는가?

공동체 속 나의 직무

1. 우리 회사의 사명(혹은 목표)은 무엇이고, 나의 일은 그 목표에 어떻게 기여하는가?
2. 회사 동료들이 그 사명 수행을 목표로 힘을 모으도록 하려면 내가 어떻게 도울 수 있는가?

3. 나의 일과 내가 속한 조직이 제대로 기능할 때 우리 사회와 경제에 어떤 긍정적 효과가 나타난다고 생각하는가?

4. 나의 일은 하나님이 창조하신 세상을 가꾸고 개발하는 데 어떻게 기여하는가?

신학적 통합

1. 인간이 맺는 네 가지 관계(하나님과의 관계, 타인과의 관계, 자기 자신과의 관계, 피조 세계와의 관계) 중 나의 일은 어느 쪽에 깊이 관련되어 있는가?

2. 타락은 내가 하는 일에 어떤 영향을 미쳤는가? 위의 네 가지 관계를 생각해 보라.

3. 죄가 우리에게 미친 영향을 고려할 때, 내가 하는 일은 어떻게 그 파급력을 줄일 수 있을까?

4. 일터에서 불의를 감지하는가? 어떻게 하면 지혜롭고 애정 어린 방식으로 정의를 구현할 수 있을까?

5. 일할 때 신앙적으로 종종 갈등이 생기는 부분은 무엇인가?

6. 나의 일에서 성경이 때때로 해답을 알려 주는가?

부록 C

추천 도서

Asmus, Barry, and Wayne Grudem. *The Poverty of Nations: A Sustainable Solution*. Wheaton, IL: Crossway, 2013. 국가 빈곤 문제에 해법을 제시하려는 경제적/신학적 시도.

Ballor, Jordan. *Ecumenical Babel: Confusing Economic Ideology and the Church's Social Witness*. Grand Rapids: Christian's Library Press, 2010. 에큐메니컬 운동이 윤리/경제 문제를 어떻게 다루었는지 비판적으로 검토한다.

Berghoef, Gerard, and Lester Dekoster. *Faithful in All God's House: Stewardship and the Christian Life*. Grand Rapids: Christian's Library Press, 2013. 성경이 말하는 청지기 직분이 그리스도인의 삶에서 어떤 모양으로 드러나

는지 설명하는 청지기 직분 소개서.

Bolt, John. *Economic Shalom: A Reformed Primer on Faith, Work and Human Flourishing*. Grand Rapids: Christian's Library Press, 2013. 개혁주의 관점에서 보는 믿음, 일, 인간의 번영에 관한 입문서.

Bradley, Anne, and Art Lindsley, eds. *For the Least of These: A Biblical Answer to Poverty*. Bloomington, IN: WestBow Press, 2014. 빈곤에 관한 성경적이고 실용적인 관점을 제공하며 사회를 번영시킬 수 있는 지혜로운 청지기 역할의 원칙을 장려한다.

Brand, Chad. *Flourishing Faith: A Baptist Primer on Work, Economics and Civic Stewardship*. Grand Rapids: Christian's Library Press, 2012. 일, 경제, 시민의 청지기직을 이해하기 쉽게 소개하는 입문서.

The Call of the Entrepreneur. Directed by Simon Scionka. Acton Media, 2007. 경제에서, 그리고 세상에서 사업가의 역할을 어떻게 볼 것인지 알려 주는 세 명의 사업가에 관한 다큐멘터리.

Claar, Victor, and Robin Klay. *Economics in Christian*

Perspective: Theory, Policy and Life Choices. Downers Grove, IL: InterVarsity Press, 2007. 인간의 번영을 촉진하기 위해 기독교의 관점에서 경제학 이론과 정책을 깊이 있는 시선으로 들여다본다.

Cleveland, Drew, and Greg Forster, eds. *The Pastor's Guide to Fruitful Work and Economic Wisdom: Understanding What Your People Do All Day*. Made to Flourish, 2012. 목회자가 교인들이 하는 일과 사역의 관계를 이해할 수 있도록 도움을 주려고 기획된 평론집.

Corbett, Steve, and Brian Fikkert. *When Helping Hurts: How to Alleviate Poverty without Hurting the Poor … and Yourself*. Chicago: Moody, 2012.『헬프』(국제제자훈련원). 빈곤의 본질에 관한 기본적 논의로, 가난한 사람이나 이들을 돕는 사람에게 상처 주는 일 없이 빈곤 문제를 해결하는 전략 실행을 위한 최선의 방식을 설명한다.

Crouch, Andy. *Culture Making: Recovering Our Creative Calling*. Downers Grove, IL: InterVarsity Press, 2008.『컬처 메이킹』(IVP). 그리스도인은 문화 창조자여야 하며 문화를 통해 하나님의 일에 참여해야 한다고 촉구하는 선언

서.

DeKoster, Lester. *Work: The Meaning of Your Life*. Grand Rapids: Christian's Library Press, 2010. 일이 어떻게 인생에 의미를 주는지를 짤막하게 검토한다.

For the Life of the World: Letters to the Exiles. Directed by Eric Johnson and David Michael Phelps. Grand Rapids: Acton Institute, 2015. 번영하고 융성하는 세상에서 삶에 기여하는 법 및 하나님의 사명에서 한 사람의 위치를 보여 주는 일곱 가지 에피소드가 담긴 DVD.

Forster, Greg. *Joy for the World: How Christianity Lost its Cultural Influence & Can Begin to Rebuild it*. Wheaton, IL: Crossway, 2014. 미국에서 기독교와 문화의 관계 및 문화적 영향력과 변화의 추이를 바라보는 시선.

Garber, Steven. *Visions of Vocation: Common Grace for the Common Good*. Downers Grove, IL: InterVarsity Press, 2014. 세상의 번영을 위해 마음을 쓰는지 스스로 돌아보라고 그리스도인들에게 권유한다.

Guinness, Os. *The Call: Finding and Fulfilling the Central Purpose of your Life*. Nashville: Nelson, 2003. 『소명』

(IVP). 정체성, 의미, 목적에 대한 답변을 검토하는 이 시대의 고전.

Gwartney, James, Richard Stroup, and Dwight Lee. *Common Sense Economics: What Everyone Should Know about Wealth and Prosperity*. New York: St. Martin's Press, 2005. 『상식의 경제학』(지식을만드는지식). 대규모 수준과 개인 수준에서 원리가 작동하는 방식을 사례를 곁들여 설명하는 경제학 기본 입문서.

Keller, Timothy. *Every Good Endeavor*. New York: Dutton, 2012. 『팀 켈러의 일과 영성』(두란노). 일에 대한 기독교의 관점을 광범위하게 살핀다.

Kuyper, Abraham. *Wisdom & Wonder: Common Grace in Science and Art*. Ed. Jordan J. Ballor and Stephen J. Grabill. Trans. Nelson D. Kloosterman. Bellingham, WA: Lexham Press, 2015. 카이퍼의 일반은총론을 소개하는 책으로, 특히 과학과 예술 영역을 검토한다.

Miller, David. *God at Work: The History and Promise of the Faith at Work Movement*. Oxford: Oxford University Press, 2007. 미국의 일터 신앙 운동을 역사적으로 검토하

고 분석한다.

Nelson, Tom. *Work Matters: Connecting Sunday Worship to Monday Work*. Wheaton, IL: Crossway, 2011. 『주일 신앙이 평일로 이어질 때』(아바서원). 일하라는 명령과 그리스도를 따르라는 명령을 그리스도인들이 어떻게 연결시켜야 하는지를 이해하기 쉽게 검토한다.

Placher, William, ed. *Callings: Twenty Centuries of Christian Wisdom on Vocation*. Grand Rapids: Eerdmans, 2005. 교회 역사를 바탕으로 일과 소명을 논하는 평론 모음집. 교회 생활의 관점에서 이 주제를 훌륭하게 개관한다.

Richards, Jay. *Money, Greed and God: Why Capitalism Is the Solution and Not the Problem*. New York: HarperOne, 2009. 『돈, 탐욕, 신』(따님). 세상의 번영을 위해 그리스도인이 자본주의 체제 안에서 일해야 할 근거를 살펴본다.

Sayers, Dorothy. *The Mind of the Maker*. New York: HarperOne, 1941. 『창조자의 정신』(IVP). 삼위일체 교리라는 렌즈를 통해 창조성을 살펴보는 고전적 작품.

Schneider, John. *The Good of Affluence: Seeking God in a*

Culture of Wealth. Grand Rapids: Eerdmans, 2002. 그리
스도인이 자본주의 부(富) 문화에서 하나님을 찾도록 돕
기 위해 집필된 신학서.

Sherman, Amy. *Kingdom Calling: Vocational Stewardship for the Common Good.* Downers Grove, IL: InterVarsity Press, 2011. 소명에 따른 청지기 직분과 이 직분이 어떻게 하나님 나라 사명을 진척시키는 길을 제공하는지를 살펴본다.

Sirico, Robert. *The Call of the Entrepreneur.* Grand Rapids: Acton Institute, 2007. *The Call of the Entrepreneur* DVD 를 보완하고 이 DVD가 다루지 않는 몇 가지 주제를 탐구 하는 스터디 가이드.

Sirico, Robert. *Defending the Free Market: The Moral Case for a Free Economy.* Washington, D.C.: Regnery Publishing, 2012. 자본주의와 자유 시장 체제를 위한 윤 리적 논증.

Stevens, R. Paul. *Work Matters: Lessons from Scripture.* Grand Rapids: Eerdmans, 2012.『일의 신학』(도서출판 CUP). 성경적 일의 신학을 간략히 살펴본 책.

Teevan, John Addison. *Integrated Justice and Equality: Biblical Wisdom for Those Who Do Good Works*. Grand Rapids: Christian's Library Press, 2014. 그리스도인들이 복음 사역을 할 때 균형 잡힌 정의 개념을 채택하기를 권면한다.

Van Duzer, Jeff. *Why Business Matters to God: And What Still Needs to Be Fixed*. Downers Grove, IL: InterVarsity Press, 2010. 비즈니스가 하나님 나라를 진전시키는 소명임을 제시하고 기존 비즈니스 관행에 변화를 제안한다.

Veith, Gene, Jr. *God at Work: Your Christian Vocation in All of Life*. Wheaton, IL: Crossway, 2002. 소명 교리를 이해하고 그 교리를 일상의 삶에 적용하기 위한 영적 구상.

Volf, Miroslav. *Work in the Spirit*. Eugene, OR: Wipf and Stock, 2001. 『일과 성령』(IVP). 삼위일체 교리의 관점에서 일을 살펴보는 책. 소명 교리에 관한 전통 개신교의 이해와는 다른 견해를 제시한다.

Whelchel, Hugh. *How then Shall We Work? Rediscovering the Biblical Doctrine of Work*. Bloomington, IN: WestBow Press, 2012. 성경적/역사적 일의 신학을 간략

히 살펴보는 책으로, 오늘날 그리스도인에게 일이 어떤 의미인지로 결론 맺는다.

Witherington, Ben, Ⅲ. *Work: A Kingdom Perspective on Labor*. Grand Rapids: Eerdmans, 2011. 『평일의 예배, 노동』(넥서스CROSS). 일을 신학적으로 검토하되 일이 하나님 나라에 대한 종말론적 이해와 어떻게 연관되는지를 강조한다.

미주

들어가는 글

1. John R. W. Stott, *The Message of Ephesians* (Downers Grove, IL: IVP Academic, 1984), iii. 『에베소서』(IVP).

2. 대부분의 장(章)은 월터나 벤저민 중 한 사람이 단독 집필했으며, 일 인칭 대명사 뒤에 이름을 삽입해서 해당 장을 누가 집필했는지 알아볼 수 있게 했다. 1, 2장은 주요 내용 구성을 월터가 했지만, 두 저자가 함께 집필한 내용을 담고 있다.

3. 비즈니스 컨설턴트 매튜 메이는 블로그를 운영하는 디자인 학교 교수와 그래픽 디자이너라면 사실상 모두가 한 번쯤 FedEx 로고를 논평했다는 점에 주목한다. Matthew May, "The Story Behind the Famous FedEx Logo, and Why It Works," *Fast Company Blog*, October 23, 2012, http://www.fastcodesign.com/1671067/the-story-behind-the-famous-fedex-logo-and-why-it-works.

4. 예화는 2014년 5월 1일 Hugh Whelchel과의 대화에서 가져왔다.

1장: 일의 신학

1. 일은 사람의 영역에만 국한되지 않는다는 사실(예를 들어, 개미도 일을 한다. 잠 30:25을 보라), 그리고 우리가 말하는 일이란 엄격히 말해 하나

님의 피조물의 관점에서 정의한 것임을 주목하라. 하나님도 친히 일하신다는 것을 우리는 충분히 알고 있다.

2. Lester Dekoster가 *Work: The Meaning of Your Life; A Christian Perspective*에서 일을 정의한 것을 수정했음.

3. Gordon Spykman, *Reformational Theology: A New Paradigm for Doing Dogmatics* (Grand Rapids: Eerdmans, 1992), 66–67.

4. Russell Moore, "The Doctrine of the Last Things," in *A Theology for the Church* (Nashville: B&H, 2007), 858.

5. Christopher J. H. Wright, *The Mission of God's People: A Biblical Theology of the Church's Mission* (Grand Rapids: Zondervan, 2010), 39. 『하나님 백성의 선교』(IVP).

6. Wright, *The Mission of God's People*, 40. 『하나님 백성의 선교』(IVP).

7. Robert J. Banks, *Faith Goes to Work: Reflections from the Marketplace* (Eugene, Wiph and Stock, 1999). Banks의 책에 열거된 신적 특성을 필자가 요약한 내용은 Amy Sherman이 자신의 책 *Kingdom Calling* (103–04)에서 이 특성을 해석한 것에 영향을 받았다.

2장: 구약성경이 말하는 일

1. Chad Brand, *Flourishing Faith: A Baptist Primer on Work, Economics and Civic Stewardship* (Grand Rapids: Christian's Library Press, 2012), 2.

2. David H. Jensen, *Responsive Labor: A Theology of Work* (Louisville, KY: Westminster John Knox Press, 2006), 22.

3. Timothy Keller, *Every Good Endeavor: Connecting Your Work to God's Work* (New York: Dutton, 2012), 48. 『팀 켈러의 일과 영성』(두란노).

4. Chad Brand, *Flourishing Faith: A Baptist Primer on Work, Economics, and Civic Stewardship* (Grand Rapids: Christian's Library

Press, 2012), 3.

5. Albert Wolters, *Creation Regained: Biblical Basics for a Reformational Worldview* 2nd edition (Grand Rapids: Eerdmans, 2005), 41 – 42. 『창조 타락 구속』(IVP).

6. Timothy Keller, *Every Good Endeavor: Connecting Your Work to God's Work* (New York: Dutton, 2012), 41. 『팀 켈러의 일과 영성』(두란노).

7. John Piper, *Don't Waste Your Life* (Wheaton, IL: Crossway, 2003), 36. 『삶을 허비하지 말라』(생명의말씀사).

8. Craig G. Bartholomew and Ryan P. O'Dowd, *Old Testament Wisdom Literature: A Theological Introduction* (Downers Grove, IL: IVP Academic, 2011), 104.

3장: 신약성경이 말하는 일

1. Dorothy Sayers, "Why Work?," in *Letters to a Diminished Church: Passionate Arguments for the Relevance of Christian Doctrine* (Nashville: W Publishing Group, 2004), 132.

2. 신약성경에 나타난 일을 좀 더 충분히 다룬 책으로는 R. Paul Stevens' *Work Matters: Lessons from Scripture* (Grand Rapids: Eerdmans, 2012) 를 보라. 『일의 신학』(도서출판CUP).

3. Dorothy Sayers, "Why Work?," in *Letters to a Diminished Church*, 131 – 32.

4. 좀 더 정확히 말해 이 관용어는 "허리에 띠를 두르라!" 또는 "옷을 입고 준비하고 있으라!"(NASB)이다.

5. 이는 마태복음 5:3-10에서 볼 수 있는 "팔복"과 같은 종류의 복이다.

6. 여기서 "관리인"(manager)이라는 말은 '오이코노모스'(oikonomos)로서, '오이코노미아'(oikonomia)를 의인화한 형태이며, 여기에서 나온

단어로 영어 '이코노믹스'(economics)가 있다. 이 단어가 그려 주는 광경은 인격체로서의 '오이코노모스'(관리인)의 지휘 아래 질서정연하게 운영되는 한 집안 모습이다.

7. Abraham Kuyper, 자유대학교 개교식 때 총장 취임 연설에서. James D. Bratt, *Abraham Kuyper: A Centennial Reader* (Grand Rapids: Eerdmans, 1998), 488에서 가져옴.

8. 이를 좀 더 상세히 다룬 책으로는 Robert Harvey and Philip H. Towner, *2 Peter and Jude in The IVP New Testament Commentary Series* (Downers Grove, IL: IVP Academic, 2009)를 보라.

4장: 그리스도, 지혜, 일

1. Augustine, *On Free Choice of the Will*, trans. Thomas Williams (Indianapolis: Hackett Publishing Company, 1993), 61-62.

2. 성경을 비롯해 고대 근동 문헌에서 지혜가 어떻게 표현되는지 좀 더 알고자 하면 Martin A. Shields, "Wisdom," in *Lexham Bible Dictionary* (Bellingham, WA: Lexham Press, 2015)을 보라.

3. 자세한 내용은 3장 "신약성경에서 말하는 일"을 보라.

4. Augustine, *On Free Choice of the Will*, trans. Thomas Williams (Indianapolis: Hackett Publishing Company, 1993), 61-62.

5. 법과 규범에 대해 더 알고자 하면 Al Wolters의 *Creation Regained* (Grand Rapids: Eerdmans, 2005), 13-20을 보라.『창조 타락 구속』(IVP).

6. Ray Van Leeuwen, "Liminality and Worldview in Proverbs 1-9," *Semeia* 50 (1990): 116.

7. 시 111:10도 보라.

8. 느 9장, 시 78, 119편, 렘 4장도 보라.

9. 사 40:13, 43:10, 요 17:3, 행 17:23-31.

10. 요 10:9, 14:6.

11. 마 22:34 – 40, 막 12:28 – 31.

12. 요 3:16, 요일 4:7 – 19.

13. 롬 10:4.

14. 미 6:8.

15. 이는 잠 5:3, 7:5 – 21, 9:13 – 18에 등장하는 금지된 여인의 유독(有毒)한 입술과 의도적으로 뚜렷이 대조되게 하려는 표현이다.

5장: 하나님 나라, 사명, 제자도 통합하기

1. Amy L. Sherman, *Kingdom Calling: Vocational Stewardship for the Common Good* (Downers Grove, IL: IVP Books, 2011), 100.

2. Christopher W. Morgan and Robert A. Peterson, eds., *The Kingdom of God* (Wheaton: Crossway, 2012), 23에 인용됨.

3. Stephen J. Nichols, "The Kingdoms of God: The Kingdom in Historical and Contemporary Perspectives," in *The Kingdom of God*, ed. Christopher W. Morgan and Robert A. Peterson (Wheaton, IL: Crossway, 2012), 31.

4. Miroslav Volf, *Work in the Spirit: Toward a Theology of Work* (Eugene, OR: Wipf and Stock, 2001), 83. 『일과 성령』(IVP).

5. Wright, *The Mission of God's People*, 25. 『하나님 백성의 선교』(IVP).

6. Herman Bavinck, *Our Reasonable Faith* (Grand Rapids: Eerdmans, 1956), 17. 『개혁교의학 개요』(CH북스).

7. 같은 책, 19.

8. Greg Forster, "Theology that Works: Making Disciples who Practice Fruitful Work and Economic Wisdom in Modern America," Version 2.0 (The Oikonomia Network, 2013), 16.

9. Wolters, *Creation Regained*, 90. 『창조 타락 구속』(IVP).

10. Wolters, *Creation Regained*, 87. 『창조 타락 구속』(IVP).

6장: 앞으로 가야 할 길

1. 이런 질문 목록으로는 부록 B를 보라.

2. 관련 센터, 기관, 도서 목록으로는 부록 A와 C를 보라.

부록 A: 누구와 함께 일해야 할까? 협력의 틀 짜기

1. Pope John XXIII, Ad Petri Cathedram (June 29, 1959), http://
   w2.vatican.va/content/john-xxiii/en/encyclicals/documents/hf_
   j-xxiii_enc_29061959_ad-petri.html.

2. 여기서 "공교회성"이란 보편 교회, 즉 모든 시대와 장소에 속한 모든
   그리스도인을 가리킨다. 또한 이는 (예를 들어 이 장에서 논의한) 일련의
   핵심 기독교 교리를 가리키기도 한다.

3. Dorothy Sayers, "Why Work?," in Letters to a Diminished Church,
   132.

4. David W. Miller, God at Work: The History and Promise of the Faith
   at Work Movement (Oxford: Oxford University Press, 2007), 7.

5. '선교로서의 비즈니스'(또는 BAM)라는 말은 1990년대 초 마이클 베어
   가 만들어낸 표현으로, 그는 2006년 같은 제목의 책을 펴내기도 했다.
   베어가 이 말을 만들어낸 이후, 기독교 신앙을 비즈니스와 통합시키고
   자 하는 여러 사역 단체와 기관에서 이 말을 차용하여 브랜드로 삼았
   다.

6. 크리스천 셰프 인터내셔널의 상세한 내용에 대해서는 http://www.
   christianchefs.org/index.html. 을 참고하라.

7. 이 목적을 위해 앞장서는 사람들과 기관에 대해 더 알고자 하면 David
   W. Miller, God at Work의 주(註)를 참고하라.

8. John Armstrong, Your Church Is Too Small (Grand Rapids: Zondervan,
   2010), 17-18.

9. 같은 책, 81.

10. '연대'라는 주제는 로마가톨릭 전통에서 확고히 존재해 왔으며 인간 존중, 이웃 사랑, 정의, 평화에 중점을 둔다는 점에 주목해야 한다.

11. Martin Luther King, Jr., "Letter From A Birmingham Jail" (1963).